Karl-Heinz Fleckenstein

SAG, SIMON, WIE WAR ES DAMALS?

Karl-Heinz Fleckenstein

SAG, SIMON, WIE WAR ES DAMALS?

Zeitreise in den Alltag der Bibel

Media Maria Verlag

Für Michael & Mirell,
meine liebenswerten Enkel und ihre wunderbaren Eltern

Bibliografische Information: Deutsche Nationalbibliothek.
Die Deutsche Nationalbibliothek verzeichnet diese Publikation
in der Deutschen Nationalbibliografie; detaillierte bibliografische
Daten sind im Internet über http://dnb.ddb.de abrufbar.

Sag, Simon, wie war es damals?
Zeitreise in den Alltag der Bibel
Karl-Heinz Fleckenstein
Media Maria Verlag, 1. Auflage 2011
ISBN 978-3-9814444-3-8

© Copyright 2011 by Media Maria Verlag, D-89257 Illertissen
Umschlaggestaltung: Weiß-Freiburg GmbH,
Graphik & Buchgestaltung
Satz: Bernhard Heun, Rüssingen
Printed in Germany
www.media-maria.de

INHALT

Vorwort

Immer wieder machen meine Frau Louisa und ich die gleiche Erfahrung, wenn wir als Reiseleiter Pilger im Heiligen Land auf den Spuren der Bibel führen: Da ruft plötzlich jemand in Kafarnaum, der Stadt Jesu, spontan aus: „Freunde, heute wurde mir ein zweitausend Jahre alter Staub von den vergilbten Blättern der Bibel weggewischt, weil Jesus und seine Jünger mir so nahegerückt sind, als wäre ich selbst dabei gewesen bei der Totenerweckung des Töchterchens des Synagogenvorstehers Jairus, bei der Berufung des Levi oder bei der eucharistischen Brotrede in der Synagoge, in der wir jetzt stehen, ebenso bei der Heilung des Kranken, den die Leute mit ihrem unverschämten Glauben vom Dach direkt vor Jesus heruntergelassen hatten. Ging es euch nicht ähnlich, dass all die Erfahrungen der Menschen von damals zu euren eigenen geworden sind!?"

Tatsächlich ist eine Reise ins Heilige Land wie eine Begegnung mit dem „fünften Evangelium". Man kann es betasten, schmecken, sehen und erleben: Den See Genezareth, den Jesus mit seinen Jünger so oft im Boot überquerte; den Berg der Seligpreisungen, auf dem die Pilger auch heute noch sein Manifest vom angebrochenen Reich Gottes in ihr Leben hineinbuchstabieren; das leere Grab in Jerusalem, dessen Zeugen die Pilger genauso wie Petrus und Johannes, wie Maria aus Magdala werden dürfen.

Aus meiner dreißigjährigen Erfahrung zusammen mit Louisa, meiner Frau, in der Aktualisierung des Evangeliums an den Stätten des Heilsgeschehens ist das vorliegende Buch entstanden. Die Gestalten des Neuen Testaments sind mir dabei so vertraut geworden, dass ich in einer fiktiven Zeitreise mit ihnen ins Gespräch gekommen bin und sie über ihren persönlichen Alltag, über das Leben der Menschen von damals oder über ihr Zusammensein mit Jesus befragte. Auch wenn diese Interviews mit Maria, der Mutter Jesu, mit Lazarus von Betanien, mit dem Apostel Paulus und anderen neutestamentlichen Personen fingierten Charakter haben, so beruhen die darin geschilderten Fakten auf authentischem, geschichtlichem Hintergrund. Ja, mit all diese Menschen der Bibel ist gleichsam eine tiefe Freundschaft entstanden, sodass ich auch weiterhin mit ihnen oft im Gespräch bleibe.

Ich wünsche Ihnen, liebe/r Leser/in, eine ähnliche Erfahrung bei der Lektüre des vorliegenden Buches.

Ihr

Karl-Heinz Fleckenstein

Die vier Wände – das Reich der biblischen Frau

Um das häusliche Leben der Frau in neutestamentlich-biblischer Zeit besser zu verstehen, stellen wir Maria, der Mutter Jesu, ein paar ganz gezielte Fragen.

Maria, man sagt, das Reich der biblischen Frau war ihr Heim. Wie sah so ein Haus damals aus?

Die Wände bestanden gewöhnlich aus unbehauenen Steinen und Lehmziegeln. Manche Häuser hatten zwei Stockwerke. Die oben angelegten Räume erreichte die Familie über eine Treppe oder Leiter. Dort wurden die Gäste untergebracht, so auch der Prophet Elija bei der Witwe in Sarepta, wie es das erste Buch der Könige im 17. Kapitel, Vers 3, schildert.

Das Dach des Hauses bestand aus Balken, die mit Zweigen und einer dicken Lehmschicht bedeckt waren. Im Sommer schlief die Familie häufig dort oben oder die Hausfrau nutzte das Dach zum Trocknen von Trauben, Feigen und Flachs.

Waren bei euch Küche und Wohnzimmer getrennt?

Nein. Beide bestanden aus einem einzigen Raum. Hier bewahrte ich für meine Familie all unsere Habe auf: ausreichende Lebensvorräte für den Winter, das Futter der Haustiere, Vorratskrüge und die handwerklichen Geräte für Josef.

9

Wie stand es mit der Möbeleinrichtung?

Diese spiegelte den jeweiligen Wohlstand einer Familie wider. Da wir in Nazaret recht bescheiden lebten, konnten wir uns nur die nötigste Küchenausrüstung und das Bettzeug leisten. Eine Durchschnittsfamilie damals besaß die Möbel, wie sie schon der Prophet Elisha in seinem Gästezimmer, dem kleinen gemauerten Obergemach, vorfand. Du kannst das im zweiten Buch der Könige, Kapitel 4, Vers 10, nachlesen: „ein Bett, einen Tisch, einen Stuhl und einen Leuchter." Eine Standardausstattung, die sich über Jahrhunderte hinweg nicht änderte.

Würdest du uns deine Küche etwas näher beschreiben?

Die täglichen Haushaltsutensilien lagen auf einem Holzregal oder auf einer Steinbank. In den Nischen standen Krüge mit Öl, Oliven und Mehl. Zum Lagern der Wintervorräte verwendete ich große Gefäße.

Im Boden war eine steinerne Reibschale eingelassen, auf der ich die verschiedenen Nahrungsmittel mit einem Stößel zerkleinerte und zubereitete. Getrocknete Feigen, Datteln, Trauben, Granatäpfel, Nüsse und Mandelkerne bildeten meine eiserne Reserve. Geröstete Körner nahmen wir als Proviant für unterwegs oder auf das Feld mit, wie sie auch Boas und seine Männer in der Mittagspause bei der Getreideernte verzehrten und davon Rut zu essen gaben (vgl. Rut 2,14).

Getreide, Wein und Olivenöl zählten zu den drei Hauptnahrungsmitteln (vgl. Hos 2,10). Einen Teil der Oliven konservierte ich, indem ich diese in Salzwasser einlegte: eine pikante Beilage zum Brot.

Wie war eure Schlafstätte?

Das Bett bildete eine Schilfrohrmatte auf dem Boden. In der kalten Jahreszeit kochte ich drinnen, um das Haus warm zu halten. Wenn es draußen stürmte, füllte ich ein Ton- oder Bronzebecken mit glühender Holzkohle.

Beschreibe doch bitte einmal deinen Tagesablauf.

Neben meiner Aufgabe als Mutter kamen auf mich die verschiedenen Haushaltspflichten zu. Noch bevor der Tag anbrach, stand ich von meinem Lager auf. Ich setzte mich an die Handmühle, die aus zwei übereinandergelegten flachen Rundsteinen bestand. An dem drehbaren Oberstein war ein Griff angebracht. Die eine Hand hielt ich am Holzgriff, mit der anderen schüttete ich das Korn in die Mittelöffnung des Steines. Durch die rotierenden Bewegungen um den Unterstein wurden die Körner zerrieben.

Als Getreide verwendete man hauptsächlich Gerste, Weizen, manchmal auch Emmer, eine Weizenart von geringer Qualität.

Brot war Qualitätsnahrung. Deshalb wurde es niemals Tieren vorgeworfen. Fand ich auf der Erde ein Stück Brot, dann hob ich es mit Ehrfurcht auf. Ein Werk der Frömmigkeit ist es, „an die Hungrigen dein Brot auszuteilen", sagte schon der Prophet Jesaja (Jes 58,7).

Der Ausdruck „Brot essen" war gleichbedeutend mit einer Mahlzeit einnehmen.

Du hast also täglich frisches Brot gebacken?

Natürlich. Das gemahlene Mehl gab ich dann in eine flache Holzschüssel, vermischte es mit Wasser, Salz und ein wenig Sauerteig, den ich vom gestrigen Tag übrig gelassen hatte. Mit beiden Händen knetete ich den Teig gründlich durch, ähnlich der Frau im Gleichnis vom Sauerteig (vgl. Mt 13,33). Dann ließ ich das Ganze für ein paar Stunden ruhen. Wenn der Teig schön aufgegangen war, formte ich daraus runde Fladen und setzte sie auf eine geflochtene Strohmatte. Sobald alles bereit war, warf ich die Brote an die Innenwände des einfachen Rundofens neben dem Haus, wie es Hunderte von Generationen vor mir getan hatten. Angeheizt wurde dieser krugförmige Backofen mit Holz oder Sträuchern, Stroh, getrocknetem Schafmist oder dürrem Unkraut (vgl. Mt 6,30).

Nach dem Brotbacken bereitete ich draußen auf einer Strohmatte den Schafs- und Ziegenkäse zu, passte auf die Tiere auf und behielt meinen Sohn Jesus im Auge, der in der Nähe mit Murmeln oder bunten Glasperlen spielte.

Einen guten Teil des Tages verbrachte ich mit der Hand an der Spindel und am einfachen Webstuhl. So konnte ich meine Familie mit der nötigen Kleidung aus Wolle oder Flachs versorgen.

Wir hatten auch eine Zisterne. Dort wurde das Regenwasser in der Winterzeit gesammelt. Einen Teil des kostbaren Nasses benutzten wir zum Trinken und Kochen, einen anderen Teil verwendete ich zum Waschen der Kleidung und Reinigen des Hauses.

Wie hast du damals die Mahlzeit für Jesus und seine Jünger zubereitet, wenn sie euch spontan mit ihrem Besuch überraschten?

Ich habe sofort die Ärmel hochgekrempelt und machte mich in der Kochnische an die Arbeit. Ich wollte ja ein richtiges Festessen auf den Tisch bringen. Zu einem solchen Mahl gehörte natürlich Lamm- oder Ziegenfleisch. Dazu tranken wir einen Schluck Wein aus Tierschläuchen. Fleisch und Linsen, Erbsen, Ginster und Lauch kochte oder garte ich in einem großen Eisentopf. Um das Ganze schmackhaft zu machen, gab ich Salz, Knoblauch, Pfefferminz, Dill, Koriander, Ysop oder Senfkörner hinzu. Dabei war das Salz das wichtigste Gewürz für eine Mahlzeit (vgl. Ijob 6,6). Die Wendung „Bund des Salzes" oder „mit jemandem Salz essen" bezeichnete damals Solidarität und Einvernehmen mit einem Menschen (vgl. Esra 4,14).

Gesüßt wurden die Speisen mit wildem Honig. Ich fand diesen in Felsen oder Bäumen. Auch Sirup war beliebt. Wir Frauen gewannen ihn durch Kochen von Datteln und Trauben.

Als Beilage reichte ich Bohnen, Linsen, dazu Feigen, Trauben, Oliven, Milch, Käse und Butter. So liebenswerten Gästen wie Jesus und seinen Schülern bot ich außerdem noch Quark und Dickmilch an (vgl. Gen 18,6–8).

Außerdem vermischte ich bei solchen besonderen Anlässen Olivenöl mit Honig, Sultaninen, getrockneten Feigen und Mehl und backte daraus zum Nachtisch einen Kuchen (vgl. 1 Kön 17,12).

Nun eröffnete Josef als der Hausvater die Mahlzeit mit einem Lobpreis an den Schöpfer. Als mein Mann nicht mehr lebte, übernahm diese Rolle mein Sohn, indem er zunächst in stillschweigender Übereinkunft das Brot brach und jedem ein Stück davon als Zeichen unserer Verbundenheit reichte.

Stimmt es, dass das gewöhnliche Mahl in der biblischen Familie abends eingenommen wurde?

Richtig. So erlebten wir das Nachtessen gleichzeitig als eine Zeit der Entspannung nach einem langen, harten Tagewerk.

Jeder wusch sich vor dem Essen die Hände, da alle aus einem Topf aßen und als Besteck die Finger benutzten (vgl. Mk 7,2ff).

Die Familie saß auf der Erde um eine große Holzschüssel mit den dampfenden Speisen. Als gewöhnliches Werktagsgericht galt Linsensuppe mit Brot, für das Esau sein Erstgeburtsrecht eingetauscht hatte (vgl. Gen 25,29–34).

Um den Durst meiner Familie zu löschen, reichte ich sauer gewordenen Wein, mit Wasser verdünnt, wie ihn auch die Feldarbeiter des Boas zur Erfrischung getrunken hatten (vgl. Rut 2,14).

Könntest du uns durch dein Haus führen?

Gern. Unser Haus in Nazaret was sehr bescheiden. Wir lebten in einer aus dem Fels geschlagenen Wohnhöhle. In der Mitte der Grotte diente eine runde, natürliche Felsplatte als Tisch. Flaschenförmige Schächte im Fels benutzten wir als Getreide- und Ölspeicher, auch für Mehl und Wein. Hier in dieser Grotte fand unsere Familie gut Platz. Dazu bot ein solcher Wohnraum einen doppelten Vorteil: Kühle im Sommer, Wärme und Schutz vor Regen im Winter.

Wenn du möchtest, könnte ich dir noch ein anderes typisches Wohnhaus aus unserer Zeit in der Stadt Ephraim zeigen. Dort, dreißig Kilometer nördlich von Jerusalem, hatte sich mein Sohn bei Freunden für eine kurze Zeit direkt vor seinem Leiden mit seinen Jüngern zurückgezogen. In der Abgeschiedenheit am Rand der Wüste wollte er sich für seine „Blutstaufe" auf dem Golgota-Hügel vorbereiten, wie es euch der Lieblingsjünger Johannes in seinem Evangelium, 11. Kapitel, Vers 54, berichtete.

Ja, so eine Führung wäre fantastisch! Was bedeutet eigentlich diese Vertiefung da an der Türschwelle an diesem Haus in Ephraim?

Sie war das einzige nächtliche Kommunikationssystem in der Antike zwischen den Bewohnern drinnen und der Außenwelt. Schon das „Hohelied" erinnert daran, wenn es die Braut sprechen lässt: „Mein Geliebter streckte die Hand durch die Luke; da bebte mein Herz ihm entgegen. Ich stand auf, dem Geliebten zu öffnen. Da tropften meine Hände von Myrrhe am Griff des Riegels. Ich öffnete meinem Geliebten: Doch der Geliebte war weg, verschwunden. Mir stockte der Atem. Er war weg" (Hld 5,4–6).

Komm, wir betreten jetzt das Innere des Hauses. Es ist in zwei Bereiche unterteilt: Unten befindet sich eine Grotte, die als Stall für das Kleinvieh, aber auch für das Reit- und Lasttier, den Esel, diente.

Auch die Gästehäuser für den Familienanhang waren damals so eingerichtet. Jeder aus der Großfamilie hatte das Recht, dort zu übernachten. So war es auch, als ich hochschwanger mit Josef zu unserer Stammessippe nach Bethlehem kam, um uns für die Volkszählung einschreiben zu lassen. Da wir aus dem Hause Davids stammten, hofften wir, dort unterzukommen. Nun war aber das Gästezimmer total überfüllt. Deshalb zog es Josef vor – natürlich auch mit seinem großen Taktgefühl mir gegenüber – unten in der Grotte bei den Tieren einen Platz zu finden, bis für mich die Zeit meiner Niederkunft kam. In die Futterkrippe legte ich dann meinen Erstgeborenen, weil in der Herberge kein Platz für uns war (vgl. Lk 2,7).

Jetzt verstehe ich eure Herbergssuche damals viel besser.

Das Haus bestand aus einem Obergemach, einem einzigen Raum, Küche und Familien-Schlafzimmer in einem. Während des Tages wurden die Matten aus Bast in dem Bettkasten gestapelt. Darauf stand die Lampe für die Nacht. Bei ihrem Anblick erinnerst du dich sicherlich an das Wort der Schrift: „Zündet man etwa ein Licht an und stülpt ein Gefäß darüber oder stellt es unter das Bett?" (Mk 4,21). Des Nachts breitete man die Matten auf dem Fußboden aus. Die ganze Familie, Vater, Mutter und die zahlreichen Kinder schliefen wie die Heringe nebeneinander. Und da kam in einem der Gleichnisse meines Sohnes um Mitternacht ein Freund und klopfte nervös an die Tür. Er bat um drei Brote, weil unerwartet ein Gast eingetroffen war. Was war die Antwort von drinnen?

Bei Lukas 11,7 heißt es: „Lass mich in Ruhe, die Tür ist schon verschlossen, und meine Kinder schlafen bei mir; ich kann nicht aufstehen und dir etwas geben."

Genau. Schließlich erhob sich der Hausvater doch von seinem Lager und erfüllte die Bitte des zudringlichen Freundes. So sollten auch wir ohne Unterlass den himmlischen Vater bitten …

An den Wänden siehst du die für den Alltag notwendigen Utensilien und Geräte. Ein hölzerner Pflug erinnert an ein anderes Wort meines Sohnes: „Keiner, der die Hand an den Pflug gelegt hat und nochmals zurückblickt, taugt für das Reich Gottes" (Lk 9,62). Die Felder in Palästina sind steinig. Wer da beim Pflügen zurückschaut, dessen Pflug hat keine lange Lebensdauer.

Da hängen zwei einteilige Galabijeh. Ist das nicht das typische Gewand im Orient?

Ja. Das Kleid des Mannes diente ihm gleichzeitig als Decke in der Nacht. Und die Nächte können im Orient recht kalt sein. Von daher die Mahnung im Buch Deuteronomium: „Wenn er in Not ist, sollst du sein Pfand nicht über Nacht behalten. Bei Sonnenuntergang sollst du ihm sein Pfand zurückgeben. Dann kann er in seinem Mantel schlafen, er wird dich segnen, und du wirst vor dem Herrn, deinem Gott, im Recht sein" (Dtn 24,12–13).

Das ist ein Kleid, mit vielen Flickstücken besetzt.

Es mahnt an die Aussage im Neuen Testament: „Niemand näht ein Stück neuen Stoff auf ein altes Kleid; denn der neue Stoff reißt doch vom alten Kleid ab, und es entsteht noch ein größerer Riss" (Mk 2,21).

Was soll denn dieser alte, ausgetrocknete Weinschlauch?

Er will an das Wort erinnern: „Auch füllt man nicht neuen Wein in alte Schläuche. Sonst reißen die Schläuche, der Wein läuft aus, und die Schläuche sind unbrauchbar. Neuen Wein füllt man in neue Schläuche, dann bleibt beides erhalten" (Mt 9,17).

Warum haben die Leute hier eine Doppelwand eingebaut?

Diese bildete die sogenannte Scheune. Darin befanden sich nämlich Getreidesorten aller Art. Wie du siehst, erhebt sich die Wand etwa einen halben Meter über dem Fußboden.

Unten sind Löcher angebracht und mit konisch zugeschlagenen Steinen verstopft. Benötigte die Hausfrau beispielsweise Gerste, um Mehl mit der Handmühle zu malen, dann löste sie den entsprechenden Stein und die Körner rieselten heraus. Diese Art von Scheune meint das Evangelium, wenn es von dem reichen Mann spricht. Er hatte eine gute Ernte und überlegte bei sich: „Ich werde meine Scheunen abreißen und größere bauen. Dort werde ich mein ganzes Getreide und meine Vorräte unterbringen." Der Mann hätte also nichts anderes getan, als diese Doppelwand zu verbreitern. Doch in seiner Selbstsicherheit wird noch in der selben Nacht sein Leben von ihm zurückgefordert (Lk 12,18).

Bildete dieses Loch oben im Flachdach eine Art Ventilator?

Gut beobachtet. Während der Regenperiode wurde das Loch mit passenden Steinen verschlossen. Durch eine ähnliche Öffnung hatte man übrigens den Gelähmten in Kafarnaum im Hause des Petrus zu Füßen Jesu herabgelassen. „Weil sie ihn wegen der vielen Leute nicht bis zu Jesus bringen konnten, deckten sie dort, wo er war, das Dach ab, schlugen (die Decke) durch und ließen den Gelähmten auf seiner Tragbahre durch die Öffnung hinab" (Mk 2,4). Und mein Sohn schenkte ihm wegen seines großen Glaubens die volle Gesundheit zurück.

Der Dorfbrunnen – das Pressezentrum für die „lebendige Zeitung"

Brunnen waren zur Zeit Jesu Orte der Begegnung, der Areopag der kleinen Leute. Der Durst nach dem lebensnotwendigen Wasser führte die Menschen zusammen. Am Brunnen geschah oberflächlicher Informationsaustausch, aber auch tiefe menschliche Begegnung. Wir sprachen darüber mit Euphonia, der Frau am Samariterbrunnen.

Euphonia, täglich gingen die Frauen zum Dorfbrunnen, um Wasser für die Familie zu schöpfen. Wie sah dieser aus und was spielte sich dort alles ab?

Wir hatten einen großen Brunnen mit einem breiten Rand, fast einer Zisterne gleich. Im Sommer wurde er von mächtigen Bäumen überschattet. Das Wasser in der Tiefe des Brunnens konnte man nicht sehen. Rundherum zeigten kleine Pfützen die Abdrücke der dort hingestellten Krüge auf dem Erdboden.

Wir Frauen füllten unsere Tongefäße, die wir auf dem Kopf trugen, mit dem kostbaren Wasser, das man das „flüssige Gold" nannte. Während wir anstanden und warteten, bis wir an die Reihe kamen, wurde viel geredet. Hier entstand täglich die „lebendige Zeitung". Es wurde gescherzt, geweint und getröstet. Hier passierten Begegnungen. Die Nachbarinnen erzählten sich Neuigkeiten. Unter der vorgehaltenen

Hand teilten sie sich Vertrauliches mit, aber auch so manchen Klatsch und Tratsch.

Deshalb hast du es wohl vermieden, zur gewohnten morgendlichen oder abendlichen Stunde Wasser am Brunnen zu schöpfen?

Ich tat es um die heiße Mittagszeit, als keine Menschenseele draußen zu sehen war. Jetzt konnte ich allem gehässigen Gerede über meinen Lebenswandel aus dem Weg gehen. Und ausgerechnet da begegnete ich dort einem fremden Mann. Ich sah ihn schon von Weitem, wie er in der Nähe des Brunnens auf einem kleinen sonnenbeschienenen Mäuerchen saß. Zuerst wollte ich umkehren, da ich es unbedingt vermeiden wollte, neugierigen Blicken zu begegnen. Doch irgendetwas zog mich zu ihm hin. Er schien in seine Gedanken vertieft, die Ellbogen auf die Knie gestützt, den Oberkörper leicht gebeugt und den Kopf zur Erde geneigt. Plötzlich hob er das Haupt und schmunzelte über eine Schar rauflustiger Spatzen, die sich um eine am Brunnen verlorene Brotkrume stritten. Doch die Spatzen wurden durch mein Erscheinen aufgeschreckt und flogen davon. Ich hielt mit der linken Hand meinen leeren Krug am Henkel, während ich mit der rechten überrascht den Schleier zur Seite schob um zu sehen, wer der Mann war, der dort saß. Als sich unsere Blicke begegneten, huschte über sein Gesicht ein Lächeln.

„Der Friede sei mit dir, Frau", sprach er mich an. „Willst du mir zu trinken geben? Ich habe einen weiten Weg hinter mir und bin durstig."

„Aber bist du denn nicht ein Jude?", fragte ich. „Und du bittest mich, eine Samariterin, um Wasser? Was soll denn das bedeuten? Ist unsere Ehre euch gegenüber wieder hergestellt? Es muss schon ein großes Ereignis stattgefunden haben, wenn ein Jude höflich zu einer Samariterin spricht. Eigentlich sollte ich dir antworten: Ich gebe dir nichts, um an dir alle Beleidigungen zu rächen, die uns die Juden seit Jahrhunderten zufügten."

Der liebevolle Blick des Mannes, in dem kein sinnliches Begehren lag, verwirrte mich. „Du hast recht", fuhr er unbeirrt fort. „Etwas Großes hat sich ereignet und dadurch haben sich viele Dinge geändert. Gott hat der Welt ein großes Geschenk gemacht. Wenn du dieses Geschenk kennen würdest und wüsstest, wer zu dir sagt: ‚Gib mir zu trinken', dann hättest du ihn vielleicht selbst um Wasser gebeten und er hätte dir lebendiges Wasser gegeben."

Jetzt wurde ich hellhörig. „Lebendiges Wasser gibt es in unterirdischen Quellen. In diesem Brunnen befindet sich solches und er gehört uns", entgegnete ich fast etwas spöttisch und rechthaberisch.

Doch der Fremde ließ sich davon nicht beeindrucken. „Das Wasser kommt von Gott, so wie auch die Güte, das Leben und alles von ihm kommt, Frau. Alle Menschen sind von Gott erschaffen worden: Samariter wie Juden."

Ich konnte meine Verblüffung nicht länger verbergen. „Du bist der erste Jude, den ich so reden höre. Die anderen fühlen sich uns immer überlegen. Der Brunnen, ja, es ist der Brunnen Jakobs, und er führt so reichlich klares Wasser, dass wir von Sichar ihn allen anderen Brunnen vorziehen. Doch er ist sehr tief und du hast weder Krug noch Schlauch. Wie könntest du für mich lebendiges Wasser schöpfen? Bist du vielleicht mehr als Jakob, unser Patriarch, der diese reiche Quelle für sich, seine Kinder und seine Herden gefunden und sie uns als Geschenk und zu seinem Gedächtnis hinterlassen hat?"

„Das ist richtig!", stimmte er mir zu. „Doch wer von diesem Wasser trinkt, wird wieder Durst bekommen. Ich hingegen habe ein Wasser, das bei dem, der es trinkt, keinen Durst mehr aufkommen lässt. Doch es gehört mir allein. Und ich werde es denen geben, die mich darum bitten. Tatsächlich, ich sage dir, wer dieses Wasser besitzt, das ich ihm geben werde, wird immer von ihm durchströmt werden und nie mehr Durst leiden, weil mein Wasser in ihm zur sicheren ewigen Quelle wird."

Jetzt war ich baff. „Wie? Ich verstehe dich nicht. Bist du ein Magier? Wie kann ein Mensch zu einem Brunnen werden? Das Kamel trinkt und schafft sich Wasservorräte in seinem geräumigen Bauch. Doch dann verbraucht es das Wasser und es genügt nicht für das ganze Leben. Du aber sagst, dass dein Wasser für das ganze Leben reicht?"

„Mehr noch! Es wird in denen, die es getrunken haben, bis zum ewigen Leben fließen und aus ihm wird ewiges Leben sprießen, weil es eine Quelle des Heils ist."

Nun konnte ich mich nicht mehr zurückhalten. „Gib mir von diesem Wasser, wenn du es wirklich besitzt", bat ich ihn. „Es ermüdet mich, hierher zu kommen. Ich werde so keinen Durst mehr haben und werde nie krank oder alt werden."

Da war wieder dieses tiefgründige Lächeln. „Nur das ermüdet dich? Nichts anderes? Hast du nur das Bedürfnis, für deinen armseligen Leib von diesem Wasser zu schöpfen? Überlege, es gibt etwas, das mehr wert ist als der Körper. Es ist die Seele. Jakob gab sich und den Seinen nicht nur das Wasser dieser Erde, sondern er war auch darum besorgt, sich und den anderen die Heiligkeit, nämlich das Wasser Gottes, zu vermitteln."

Nun wurde der fremde Mensch ganz direkt. „Hole deinen Mann und komme mit ihm hierher zurück!" Dabei schaute er mich mit einem durchbohrenden Blick an, als würde er auf den Grund meiner Seele schauen. Ich wurde immer verwirrter. „Ich habe keinen Mann ...", stammelte ich. „Das stimmt, du hast keinen Mann. Fünf Männer hast du gehabt und nun hast du einen bei dir, der nicht dein Mann ist. Auch deine Religion rät nicht zur Untreue. Auch ihr habt die Zehn Gebote. Warum also führst du ein solches Leben? Belastet es dich nicht, allen zu gehören, anstatt die Frau eines Einzigen zu sein? Fürchtest du nicht deinen Lebensabend, an dem du allein mit deinen schmerzlichen Erinnerungen sein wirst: mit deinen Ängsten, mit deinem Bedauern, Angst vor Gott und den Schreckensbildern?" Ich senkte tief mein Haupt und schwieg.

Plötzlich gingen mir die Augen auf. „Herr, ich sehe, dass du ein Prophet bist," drängten sich die Worte auf meine Lippen. „Ich schäme mich ..."

„Doch vor dem Vater im Himmel hast du dich nicht geschämt, als du Böses tatest? Weine nicht aus Beschämung vor den Menschen ... Komm her, setze dich neben mich. Ich werde dir von Gott erzählen. Vielleicht wusstest du zu wenig von ihm. Sicherlich hast du deshalb so viele Fehler begangen. Wenn du den wahren Gott gekannt hättest, dann hättest du dich nicht so entwürdigt. Er hätte dir zugesprochen und dir geholfen ..."

Ich blickte den Fremden hilfesuchend an. „Herr, unsere Väter haben auf diesem Berg Gott angebetet. Ihr sagt, dass man nur in Jerusalem Gott anbeten soll. Doch du sagst, es gibt nur einen Gott. Hilf mir zu verstehen, wo und wie ich es tun soll ..."

Wie ein liebender Vater nahm er meine Hände in die seinen. „Frau, glaube mir, es naht die Stunde, da man den Vater weder auf dem Berg Garizim noch in Jerusalem anbeten wird. Ihr betet den an, den ihr nicht kennt. Wir beten den an, den wir kennen; denn das Heil geht aus den Juden hervor. Erinnerst du dich an die Worte der Propheten? Doch es kommt die Stunde, vielmehr sie hat schon begonnen, da die wahren Verehrer Gottes den Vater im Geiste und in der Wahrheit anbeten werden. Nicht im alten, sondern nach einem neuen Ritus, bei dem es keine Opfertiere mehr geben wird, sondern das ewige Opfer, die sich im Feuer der Liebe verzehrende unversehrte Opfergabe. Die Verehrung Gottes wird sich in geistiger Weise vollziehen und von denen verstanden werden, die fähig sind, Gott im Geist und in der Wahrheit anzubeten."

Begierig sog ich jede Silbe von ihm auf. „Du sprichst heilige Worte. Ich weiß, dass die Ankunft des Messias bevorsteht. Er wird auch Christus genannt. Er wird uns alles lehren, wenn er da ist. Hier in der Nähe lebt jener, den sie seinen Vorläufer nennen und viele gehen zu ihm, um ihn anzuhören. Aber er ist so streng! ... Du bist gütig ... Auch ich armseliger Menschen fürchte mich nicht vor dir. Ich glaube, dass Christus gütig sein wird. Sie nennen ihn den Friedensfürst. Werden wir noch lange auf ihn warten müssen?" Wieder dieses vielsagende Lächeln. „Ich habe dir gesagt, dass seine Zeit schon da ist."

„Wie kannst du das wissen? Bist du vielleicht sein Jünger? Der Vorläufer hat viele Jünger. Auch Christus wird sie haben."

Jetzt schlug es wie ein Blitz in meine Seele ein, als er sich zu erkennen gab. „Ich, der ich zu dir spreche, bin Jesus, der Christus."

„Du! Christus ... Oh ..." Ich sprang auf und wollte fliehen.

„Warum fliehst du, Frau?", rief er hinter mir her.

„Weil ich davor erschauere, bei dir zu verweilen. Du bist heilig ..."

„Ich bin der Retter. Ich bin hierher gekommen, weil ich wusste, dass deine Seele des Umherirrens müde ist. Deine Speise ekelt dich an … Ich bin gekommen, dir eine neue Speise zu geben, die den Überdruss von dir nehmen wird …"

Da ließ ich meinen Wasserkrug stehen und rannte ins Dorf. Ich wollte nichts anderes, als die Leuten auf den Messias aufmerksam machen, damit auch sie ihn erkannten.

So wurdest du selbst Nachrichtenträgerin der guten Botschaft in deinem Ort (vgl. Joh 4,5–42)?

Ja, die Liebe und Barmherzigkeit Gottes hatten durch den Blick Jesu all meine Schwächen und Fehler besiegt. Die orthodoxe Kirche gab mir sogar einen Namen und verehrt mich seither als heilige Euphonia, die die gute Botschaft weitergab.

Wasser aus dem Brunnen galt schon immer in deiner Zeit als das wahre Lebenselixier, das Seele und Leib erfrischte. Erinnerst du dich noch an die Geschichte mit David, als einmal während der Ernte ein Philisterheer sein Lager in der Ebene Rafaïm aufgeschlagen hatte?

Und ob ich mich erinnere! Aus dem Land gejagt, von Saul verfolgt, hatte der vom Leben enttäuschte David entwurzelte Männer um sich geschart. Sie führten ein Söldnerdasein und führten Krieg für den, der sie am besten bezahlte. In den Höhlen der zerklüfteten Berge zum Mittelmeer hin lebte David mit seinen Männern. Seit Tagen brannte die Sonne vom wolkenlosen Himmel. Das Wasser aus den Lederschläuchen schmeckte abgestanden und lauwarm. David hatte große Lust auf einen Schluck frisches Wasser. Doch die nächste

Zisterne befand sich in Bethlehem, seiner Heimatstadt. Aus einer Laune heraus wandte er sich an seine Freischärler: „Ich habe wahnsinnigen Durst! Wer bringt mir Wasser aus der Zisterne beim Tor von Bethlehem?"

Meinst du, David hatte das ernst gemeint? Er wusste doch, dass die feindlichen Philister gerade in Bethlehem Posten bezogen hatten. Eine solche Herausforderung bedeutete ein Todeskommando.

Vielleicht wollte er seine Leute nur auf die Probe stellen. Doch drei seiner Männer sahen sich an, nickten mit den Köpfen und verließen die Höhle. Über schmale Bergpfade, zwischen Felsenklippen immer wieder Deckung suchend, stiegen sie ins Tal hinab. Das Stadttor von Bethlehem war natürlich streng bewacht. Die Philister ließen keine Maus durch. Sie kannten die Kämpfer Davids nur zu gut. Gebückt schlichen sie sich lautlos an. Mit dem Schrei „unser Leben für David!" durchbrachen sie mit gezückten Schwertern die feindlichen Abwehrlinien und erreichten die Stadt. Während zwei Männer in einer Blitzaktion die wachhabenden Soldaten in einen Kampf verwickelten, schöpfte der Dritte schnell frisches Wasser aus der Zisterne in der Nähe des Stadttores. Es war ein gelungener Überfall. So schnell, wie sie kamen, tauchten Davids Männer wieder in den Bergen unter und trugen den Wasserschlauch in die Höhle zu David hinauf. „Du wolltest frisches Wasser aus der Zisterne am Tor von Bethlehem", riefen sie ihm zu: „Hier ist es!"

David war zutiefst gerührt von der mutigen Tat seiner drei Männer. „Freunde, für ein paar Schluck Wasser habt ihr euer Leben für mich aufs Spiel gesetzt. Ich kann dieses Wasser jetzt unmöglich trinken. Es käme mir vor, als würde ich euer

Blut trinken, während ihr alle Durst leidet. Das kann ich euch nicht antun. Außerdem habe ich eine solche Treue und Hingabe nicht verdient. Ich weihe das Wasser dem Herrn als ein Trankopfer." Dann leerte David den Ziegenschlauch auf die Erde als Zeichen der Solidarität mit seinen Kämpfern.

Ist nicht der Abrahamsbrunnen in Beerscheba ein weiteres sprechendes Beispiel für dieses kostbare Nass?

Ja, genau. Im Buch Genesis im 21. Kapitel kannst du es nachlesen, wie die Knechte des Abimelech Abraham den Brunnen wegnahmen, den er dort gegraben hatte. Obwohl die beiden Stammesoberhäupter sich kurz vorher gegenseitig versprochen hatten, weder sich noch ihre Nachfahren zu hintergehen. Nun stellte Abraham Abimelech zur Rede. Der aber war völlig perplex und ahnungslos hinsichtlich des begangenen Unrechts. So schlossen sie erneut einen Friedenspakt und besiegelten ihn mit der Opferung von sieben Lämmern in dem Bewusstsein, dass genug Wasser für beide Gruppen vorhanden war.

Der Brunnen galt damals nicht nur als Ort der Kommunikation, sondern auch als Begegnungszentrum der Antike. Kannst du uns die Erzählung von dem Brautwerber, der für Isaak eine Frau suchen sollte und schließlich Rebekka entdeckte, aus deiner Sicht etwas näher erläutern?

Tatsächlich erweist sich dieser Bericht als eine der schönsten Liebesgeschichten in der Bibel (vgl. Gen 24): Es war gegen Abend. Die jungen Frauen und Mädchen traten aus dem Stadttor, um Wasser aus dem Brunnen zu schöpfen. Zur gleichen Zeit erreichte die von der Hitze des Tages ausgedörrte

Karawane den Ort. Der Großknecht Abrahams ließ seine Kamele auf ihre Knie lagern. Er selbst betete zu seinem Gott, dass die richtige Braut sich ihm nun für den Sohn seines Herrn zeige. Dann ging er zur Wasserstelle und schaut sich die Töchter dieser Stadt näher an. Eine innere Stimme sagte ihm: „Das Mädchen, das dir Wasser zum Trinken anbietet, ist die von Gott erwählte." In diesem Moment kam Rebekka mit dem Krug auf ihren Schultern. Sie stieg die Stufen hinab und füllte das Gefäß mit Wasser.

„Lass mich ein wenig trinken", sagte der Großknecht zu ihr.

„Trink nur, mein Herr", antwortete sie. „Auch für deine Kamele will ich schöpfen, bis sie sich satt getrunken haben."

Nun holte der Knecht Abrahams seine Brautgeschenke hervor und reichte sie dem überraschten Mädchen: einen goldenen Nasenring und zwei goldenen Spangen. Spontan bot ihm Rebekka Gastfreundschaft im Haus ihres Vaters an. Dort erzählte der Brautwerber von dem eigentlichen Grund seiner Mission. Nun riefen ihre Mutter und ihr Bruder Rebekka herbei und fragten sie: „Willst du mit diesem Mann reisen?"

„Ja", antwortete sie. Da ließen sie das Mädchen und ihre Amme mit dem Knecht Abrahams und seinen Leuten ziehen (vgl. Gen 24,58–59).

So ist es eigentlich gar nicht verwunderlich, wenn sich nach dem apokryphen Jakobus-Evangelium die erste Begegnung zwischen Maria und dem Engel Gabriel in Nazaret am Brunnen der Stadt ereignete.

Auch Maria schöpfte dort am Brunnen Wasser für ihre Familie. „Und sie nahm den Krug und ging fort, um Wasser zu holen. Und siehe, eine Stimme sprach: Freue dich, Maria, du Gesegnete unter den Frauen. Und sie blickte nach rechts und nach links, um zu sehen, woher diese Stimme kam. Zitternd ging sie zu ihrem Haus und setzte den Krug nieder. Dann setzte sie sich auf ihren Platz und zog den Faden heraus."

In Ein Karem, der Heimat Johannes des Täufers, lokalisiert die christliche Tradition an der sogenannten Jungfrauenquelle die Begegnung zwischen Maria und ihrer Cousine Elisabeth (vgl. Lk 1,39f).

Auch das ist sehr einleuchtend. Im vorgerückten Alter schwanger geworden, verließ Elisabeth verständlicherweise das Dorf und zog sich in das kleine Landhaus ihres Mannes Zacharias auf der bewaldeten Höhe zurück. In dieser Einsamkeit sah sie ihre Verwandte schon von Weitem, wie sie über die Hügel von Judäa ihr zu Hilfe eilte. Da lief sie Maria entgegen. Als die beiden Frauen sich bei der Quelle umarmten, sagte Elisabeth: „Womit habe ich es verdient, dass die Mutter meines Herrn zu mir kommt; denn siehe, das Kind hüpfte in meinem Leib und segnete dich." Maria hob die Augen zum Himmel und rief: „Wer bin ich, oh Herr, dass alle Geschlechter der Erde mir ihren Segen zusprechen?" Dort am Brunnen stimmte sie dann das Magnifikat, den Lobpreis auf ihren Schöpfer, an, während sie mit Elisabeth zum Landhaus des Zacharias zurückkehrte.

Wer soll das bezahlen? – Ohne Geld geht es nicht

Im biblischen Alltag regierte das Geld schon damals die Welt. Münzen spiegelten die Zeitenläufe, die politischen und wirtschaftlichen Geschehnisse wider. Neue Kaiserbilder zeigten den Wandel der Zeitgeschichte. Die Münzprägung galt als ein Mittel, Nachrichten und Ideen zu verbreiten.

Einer, der der Macht des Geldes verfallen war, hieß Levi, der Sohn des Alphäus. Er saß an der Zollstätte der Grenzstadt Kafarnaum. Dort kassierte er Zölle für alle Waren, die man von der Dekapolis, den zehn Griechenstädten, einführen wollte. Ausgerechnet ihn hatte Jesus in seinen engen Jüngerkreis berufen. Aus Levi wurde unser Evangelist Matthäus. Er müsste es eigentlich am besten wissen, wie die Leute damals mit dem Geld umgegangen sind. Sprechen wir ihn einfach darauf an.

Matthäus, darf ich dir zunächst eine ganz persönliche Frage stellen? Worin bestand eigentlich deine Aufgabe als Zöllner in Kafarnaum? Und wie kam es, dass gerade du von Jesus in seinen engsten Freundeskreis berufen wurdest?

Damals gab es in Kafarnaum eine Gruppe von Menschen, die Jesus aus einer tiefen Enttäuschung, Resignation und mit Schuldgefühlen beladen begegnet waren. Ich war einer von ihnen, ein Zöllner. Und solche Typen waren im Land der Juden verhasst.

Was war der Grund für diese Einstellung?

Wir hatten den Zoll gepachtet und mussten eine Menge Geld an die Behörde abliefern. Um an das nötige „Kleingeld" heranzukommen, neigten wir dazu, die Leute übers Ohr zu hauen. Die Karawanen beispielsweise, die bei uns vorbeizogen, mussten Zoll zahlen. Und ich knöpfte ihnen mehr ab als mir zustand. Das war in der Öffentlichkeit bekannt. Außerdem arbeiteten wir mit der Besatzungsmacht zusammen. Deswegen galten wir als Kollaborateure der Römer und Verräter an unserem Volk. So hatten wir einerseits die Verachtung der Juden und andererseits das Misstrauen der Römer im Genick. An manchen Tagen fühlte ich mich richtig depressiv. Ich saß tagein tagaus an meiner Zollstätte und hoffte verzweifelt auf das große Glück, das wohl nie eintreffen würde. Und da ging eines schönen Morgens Jesus auf mich zu. Er blieb stehen und schaute mir tief in die Augen. Es war ein Blick voller Güte und Barmherzigkeit, dem ich nicht widerstehen konnte. Und was ich nicht für möglich gehalten hätte, was mir geradezu als ausgeschlossen erschien, das geschah. Jesus rief mir zu: „Komm auch du mit und folge mir nach!" Mir war, als hätte ich das große Los gezogen. Hals über Kopf verließ ich mein Zollhäuschen, meine Rechnungen, meinen Geldsack und rannte Jesus hinterher. Stell dir vor, dann setzte sich Jesus auch noch mit unserer verachteten Randgruppe der Gesellschaft von Zöllnern und Straßenmädchen bei mir zu Hause an einen Tisch. Natürlich erregte er damit bei den Pharisäern oder anderen frommen Gruppen gewaltigen Anstoß und musste sich gegenüber ihrem Unmut rechtfertigen mit der klaren Aussage, dass nicht die Gesunden, sondern die Kranken auf die Hilfe des Arztes angewiesen sind.

Matthäus, wie waren die steuerlichen Verhältnisse zu eurer Zeit?

Das Land unterlag der Tributhoheit des Römischen Reiches. König Herodes ließ die von ihm und von den Römern geforderten Steuern durch eigene Untergebene erheben. Die Menschen stöhnten sehr unten den Steuerlasten und über die Härte der Eintreibung. Keiner konnte sich ihr entziehen. Im Jahre 6 wurde Judäa unmittelbar unter die römische Steuerhoheit gestellt. Die Prokuratoren ließen direkte Grund- und Kopfgelder einziehen. Die indirekten Steuern, vor allem die Zölle und Wegegelder, wurden von Pächtern erhoben. Ich war ja einer von ihnen. Dabei wirtschafteten wir, wie schon gesagt, in die eigene Tasche. Eine Anzahl religiöser Abgaben kamen hinzu, vor allem der Zehnte, der den Priestern und Leviten zufloss. Dazu kam die Tempelsteuer. Damit wurden die Kosten des öffentlichen Kultus gedeckt.

Matthäus, du schilderst selbst im 21. Kapitel deines Evangeliums, wie Jesus den Tempel gereinigt hat. Wie hast du es damals als Zeitzeuge miterlebt?

Jesus trieb im Tempel alle Händler und Käufer hinaus. Dann stieß er die Tische der Geldwechsler und die Stände der Taubenhändler um mit den Worten: „Mein Haus soll ein Haus des Gebetes sein. Ihr aber macht daraus eine Räuberhöhle." Da entstand wütendes Geschrei, lautes Krachen, aufgeregtes Vogelgezwitscher. Stühle und Bänke fielen um, Geld rollte auf den Boden. Es herrschte das totale Chaos und mittendrin stand Jesus. Er redete eine unmissverständliche Sprache und fasste die Händler und Wechsler nicht gerade mit Samthandschuhen an.

Was brachte ihn so in Rage?

Es war die Zeit des Pessachfestes. Die Stadt wimmelte von Menschen. Hunderttausende waren da. Sie alle suchten Gott. Sie wollten beten und Opfer darbringen. Dazu brauchten sie makellose Tiere. Die Viehhändler im äußeren Tempelbezirk halfen ihnen dabei: einmal als Service für die Pilger, andererseits auch im Hinblick auf ihren eigenen Profit.

Die Menschen zahlten neben den Opfern auch ihre Tempelabgaben mit tyrischen Münzen, denn die Priesterkaste im Jerusalemer Tempel brauchte gutes Geld! Deshalb erfreute sich der tyrische Scheqel großer Wertschätzung, da sein Silbergehalt besonders hoch und über lange Zeit gleichbleibend war. Die Vorderseite dieser Münzen zeigte den tyrischen Gott Melqart. Auf der Rückseite war ein Adler als heiliges heidnisches Tiersymbol dargestellt. Auch bei der Münzumschrift hätten die Priester von Jerusalem laut aufschreien müssen. Nicht Jerusalem, sondern Tyros wurde dort als die heilige Stadt bezeichnet. Wer mit anderen Münzen den Tempel aufsuchte, musste diese in das Tempelgeld mit dem Bild der fremden Gottheit umtauschen.

Auch da halfen die Geldwechsler weiter, natürlich gegen Gebühr. Sie lebten ja davon. Eigentlich war grundsätzlich nichts dagegen einzuwenden. Viehhandel und Geldwechsel gaben den Pilgern die Möglichkeit, ihre Religion auszuüben. Jesus hatte an sich nichts dagegen, dass Menschen auf ehrliche Art und Weise auch im Tempel ihren Lebensunterhalt verdienen konnten.

Dennoch hat Jesus dermaßen stark durchgegriffen, obwohl er mit seinem Handeln die Verantwortlichen nur noch mehr gegen sich aufbrachte?

Es war sein begründetes Vorgehen mit einem Bibelzitat aus Jesaja: „Mein Haus wird ein Haus des Gebetes für alle Völker genannt" (Jes 56,7). Jesus fügte noch hinzu: „Ihr aber habt daraus eine Räuberhöhle gemacht" (Mk 11,17). Denn all das Treiben in den Vorhöfen des Tempels hatte einen Stellenwert eingenommen, der ihm absolut nicht zustand, indem er vom Eigentlichen, von der Beziehung zu Gott, ablenkte. Deshalb geißelte Jesus diese Feilscherei mit solch starken Worten, weil der Gottesdienst immer mehr zu einem Geschäft geworden war, bei dem die Religion und die religiösen Gefühle der Menschen vermarktet wurden. Was sich dort abspielte, war ein verwalteter, ritualisierter Glaube, ein Produkt, das man kaufen und verkaufen konnte: ein Glaube ohne Geist und Leben.

Du hast vorhin die Tempelsteuer angesprochen. Warum mussten die Leute eigentlich damals diese Abgabe bezahlen?

Ich erkläre es dir mit einer Episode. Jedes Mal, wenn Jesus mit seinen Freunden nach Kafarnaum kam, hatte er im Haus des Petrus so etwas wie sein Hauptquartier. Und Simon wurde einmal, als er mit seinem Fischerboot auf den See Genezareth hinausfahren wollte, von einem meiner früheren Kollegen, dem Kassierer der Tempelsteuer, angesprochen: „Wie ist das mit eurem Lehrer, mit Jesus? Zahlt er auch das Doppel-Silberstück, das jeder jüdische Mann ab zwanzig im In- und Ausland als Tempelsteuer zu bezahlen hat oder nicht?"

Galt diese Frage als Drohung in dem Sinne: Zahlt euer Meister die übliche Tempelsteuer oder verweigert er sie als Aufruf zum zivilen Ungehorsam?

Vielleicht auch. Dabei musst du noch eines beachten: Hier ging es nicht um Steuern für die Besatzungsmacht, sondern um eine innerjüdische Abgabe, die ihre Wurzeln im Buch Exodus hatte. Mit diesem Geld wurde der Tempelbetrieb aufrechterhalten, wie ich dir schon sagte. Verweigerte nun Jesus diese Steuer, so hätte man das als Abwendung vom Tempel verstehen können. Schließlich hatte sich Jesus bezüglich des Tempels manchmal kritisch geäußert. Der Geldeintreiber hätte die Frage noch radikaler stellen können: „Wie steht Jesus zu seinen jüdischen Wurzeln?" Möglicherweise wollte der Steuerkassierer auch wissen, wie Jesus sich selber einschätzte. Die Priester zum Beispiel nahmen für sich in Anspruch, diese Steuer nicht bezahlen zu müssen. Zudem gab es einzelne Rabbis, die dieses Privileg auch für sich auslegten. Und Jesus? Verstand er sich als Priester, als Rabbi oder als etwas anderes? Petrus antwortete ein wenig verunsichert, Jesus würde die Tempelsteuer schon bezahlen.

Daraufhin sprach Jesus Petrus an und machte deutlich, dass seine vielleicht etwas vorschnelle Antwort den Nagel doch nicht so genau auf den Kopf getroffen hatte. Dann stellte er eine Gegenfrage: „Wer muss in der Regel Steuern bezahlen?" Die Antwort war eindeutig: die Untertanen.

Jesus ging es in erster Linie um etwas anderes. Tempelsteuern hatten den Tempelbetrieb ermöglicht. Durch diesen Kult gab es Versöhnung mit Gott. So war die landläufige Meinung. Wer also seinen Obolus ablieferte, bekam dadurch quasi einen Anteilschein am Tempel und an dem, was der Tempelbetrieb bewirkte oder besser so formuliert: Durch das Bezahlen meiner Tempelsteuern ist mein Platz bei Gott gesichert.

Jesus stand zwar zum Tempel, aber mit seiner Antwort gab er genau dieser Ansicht eine gehörige Abfuhr. Das wäre

Gott gegenüber ein Knecht-Herr-Verhältnis. Jesus aber hatte uns klar gemacht, dass wir für den Schöpfer nicht Knechte oder Diener, sondern seine Kinder sind. Auch wenn die Tempelsteuer durchaus Sinn machte, so hatte sie jedoch nichts mit der Versöhnung mit Gott zu tun. Das hieß ganz konkret: Das Bezahlen der Tempelsteuer dispensierte die Menschen nicht davon, Gott ihr Leben jeden Tag neu zu schenken, weil der Friede mit Gott in keinerlei Weise käuflich ist. Wer also von der Tempelsteuer die Versöhnung mit Gott oder eine Garantie für eine Platzreservierung im Himmel erwartete, der hatte sich etwas Falsches vorgegaukelt. Gott sucht nicht unser Geld, sondern unsere Herzen.

Aber Jesus verweigerte letztlich das Bezahlen der Tempelsteuer nicht?

Ein Steuerboykott hätte da wenig gebracht. Ja, im Gegenteil, er wäre eher ein Hindernis gewesen. „Wir wollen sie nicht unnötig verärgern", gab Jesus Petrus zu bedenken. Dann schickte er ihn zum Fischen an den See. Der erste Fisch an der Angel war ein Maulbrüter, der auf dem Grund des Galiläischen Meeres eine verlorene Münze aufgeschnappt hatte, um seine ausgeschlüpfte Brut aus dem Maul hinauszudrängen. Diese Doppeldrachme deckte die Steuern für beide ab.

Matthäus, erkläre uns noch etwas deutlicher, wie diese Tempelsteuer verwendet wurde.

Du musst bedenken, dass der Tempel des Herodes als stolzes Bauwerk fünfzehn Stockwerke hoch war. Der Tempelplatz umfasste fünfzehn Prozent der Gesamtfläche Jerusalems. Er konnte 400000 Menschen aufnehmen. Natürlich war die

Tempelverwaltung mit Geld verbunden. Dazu galt der Tempel als der größte Arbeitgeber der Stadt. Er beschäftigte das ganze Jahr hindurch rund 7 000 Priester und etwa 10 000 Leviten, das heißt Musiker, Sänger, Tempeldiener, Wachen … Außerdem war der Tempelbau noch nicht abgeschlossen. Hunderte Arbeiter und Handwerker, Weber und Schneider schmückten das prächtige Bauwerk aus. Diese Bautätigkeit ging bis in die 60er Jahre hinein. Der Tempel glich gleichzeitig einer riesigen Bank. Der Hohepriester fungierte als eine Art Finanzminister. Der Tempelschatz war ständig am Wachsen.

Und woher kam das Tempelvermögen?

Es entstand teilweise durch freiwillige Abgaben, teilweise durch den täglichen Verkauf von Opfertieren. Der Opferbetrieb verhalf Viehzüchtern und Opferverkäufern zu Reichtum. Der Tempel war wohl der größte Schlachthof der Menschheitsgeschichte. Aber die weitaus größten Einkünfte kamen aus der Tempelsteuer. Jeder volljährige männliche Jude musste jedes Jahr einen halben Scheqel zahlen.

Die Gegner Jesu stellten ihm einmal im Tempel eine Fangfrage nach der Steuermünze – für oder gegen den Kaiser? Wie siehst du das?

Diese scheinheiligen Typen wollten ihm eine Falle stellen. Deshalb traten sie mit der Frage an ihn heran: „Ist es nach deiner Meinung erlaubt, dem Kaiser Steuern zu zahlen oder nicht?" (Mt 22,17). Wie nun auch immer seine Antwort ausfallen würde, diesmal musste er sich in die Nesseln setzen. Jesus durchschaute ihre böse Absicht. Er ließ sich ein Silberstück zeigen. Schon die Tatsache, das diese „frommen Juden" eine heidnische römische Münze mit dem Bild des Kaisers Tiberius in der Tasche trugen, entlarvte sie als Heuchler. Voller Spannung richteten sich ihre Augen auf ihn. Jetzt hatte er Farbe zu bekennen. Stand er zur römischen Obrigkeit, dann war er ein Feind des Volkes. Lehnte er die kaiserliche Steuer ab, stellte er sich gegen die Besatzungsmacht und galt als Aufrührer. Und damit konnten sie ihn leicht den Behörden ans Messer liefern.

Die Antwort Jesu war ein Meisterstück diplomatischer Kunst: „So gebt dem Kaiser, was dem Kaiser gehört, und Gott, was Gott gehört" (Mt 22,21).

Mit diesen Worten machte Jesus deutlich, dass er nicht ein nationaler Befreier und politischer Erlöser sein wollte. Der Kaiser sollte ruhig die Münzen mit seinem Bild zurückerhalten. Doch was Gott fordert, war für Jesus der ganze Mensch, bedeutend mehr als nur eine fromme rituelle Geste.

Wie verhielt es sich mit der sozialen Gerechtigkeit? Du hast ja selbst das Gleichnis Jesu von den Arbeitern im Weinberg aufgeschrieben (Mt 20,1–16). Wäre das nicht ein Fall für die „Gewerkschaft des Weinbaus" gewesen?

Auf dem Marktplatz standen immer viele Arbeitslose herum. Ein Weinbergbesitzer – nennen wir ihn Naboth – warb früh am Morgen einige von ihnen an. Die Tagelöhner wussten: Am Abend wurden sie ausgezahlt. Der Arbeitgeber schloss mit ihnen einen mündlichen Vertrag. Die Besiegelung erfolgte durch Handschlag. Bei der Verabredung handelte es sich um den üblichen Tageslohn von einem Denar. Die Arbeitszeit begann mit dem Aufgang der Sonne und endete mit ihrem Untergang.

Hier ging es um einen mittelständischen Winzerbauer. Gegen neun Uhr eilte er nochmals auf den öffentlichen Platz. Dort lungerten immer noch ein paar Kerle untätig herum und schwatzten miteinander. Arbeitslosigkeit war in unserer Zeit ein soziales Problem. Der Weinbergbesitzer versprach den Leuten einen angemessenen Lohn. Das Gleiche tat er um die Mittagszeit und um drei Uhr nachmittags. Selbst um fünf Uhr fand er noch einige Müßiggänger. Die Arbeit drängte ungewöhnlich. Die Weinlese musste unbedingt vor dem Einsetzen der Regenzeit beendet sein. Es ging um einen Wettlauf mit der Zeit. Deshalb war es auch gut, wenn die Letzten nur noch eine Stunde arbeiteten.

Nach Sonnenuntergang erfolgte die Lohnauszahlung. Nun erhielten jene, die nur eine Stunde gearbeitet hatten, einen Denar. Die anderen, die sich zwölf Stunden lang in der Hitze geplagt hatten, erwarteten jetzt natürlich eine weitaus höhere Vergütung. Als sie auch nur ein Silberstück auf die Hand bekamen, steigerte sich ihre Überraschung in Empörung. Doch der Weinbergbesitzer wies ihre Einwände zurück mit dem Hinweis auf den vereinbarten Lohn. Damit machte Jesus den großzügigen Stil göttlicher Gerechtigkeit deutlich: Durch die Auszahlung eines Denars an jeden, selbst an die Männer der letzten Stunde, war auch ihnen und ihrer Familie das Brot für den nächsten Tag gesichert. Mit dem Zwölftel eines Denars, also dem Lohn einer Stunde, hätten sie darben müssen. Der Inhaber des Weinbergs zeigte Mitgefühl mit ihrer Armut. Deshalb ließ er auch ihnen den ganzen Tageslohn auszahlen. Sie hatten keine große Leistung aufzuweisen. Den vollen Lohn verdankten sie der Güte des Hausherrn.

Außerdem sollte man auch noch eines bedenken: Nach dem damaligen ungeschriebenen Recht durfte jeder Arbeiter im Laufe des Tages so viele Weintrauben essen, wie er wollte. So hätte Naboth auch nachweisen können, dass die Männer mit der längeren Schicht auch reichlich gegessen hatten und somit ihr Naturallohn wesentlich mehr ausmachte als jener der Leute mit der kürzeren Arbeitszeit.

Wer galt damals um das Jahr 30 in Judäa als arm? Kannst du uns das anhand der Geschichte mit dem Scherflein der armen Witwe etwas näher erläutern (vgl. Mk 12,41–44)?

Die Grenze der Armut war damals genau abgesteckt. Sie lag bei zweihundert Denaren. Wessen Vermögen nicht unter dieser Summe lag, sollte nicht an der Armenversorgung der Gemeinde teilnehmen. Beanspruchte jemand Zuwendung aus der öffentlichen Kleiderkasse, dann musste seine Bedürftigkeit durch die zuständigen Armenpfleger nachgewiesen werden.

Eine Witwe war vor allem auf die Hilfe ihrer Angehörigen angewiesen, insofern sie welche hatte. Ansonsten befand sie sich in einer misslichen, geradezu verzweifelten Lage. Ein Beispiel dafür ist die Witwe von Naïn, deren einziger Sohn und Ernährer gestorben war (Lk 7,11–15).

Doch auch der Ärmste war in Judäa gehalten, von seiner geringen Habe etwas zu spenden. Und wenn er nichts zu geben hatte, dann auf jeden Fall ein teilnehmendes, tröstendes Wort.

Nun beobachtete Jesus die Spendenfreudigen bei ihrem Geldopfer an den dreizehn trompetenförmigen Opferstöcken im Frauenhof des Tempels. Dort bemerkte er eine Witwe. Sie hatte wohl ihr weniges Geld in kleine Gebrauchsmünzen umgetauscht. Der Lepton, eine dünne Kupfermünze, war das kleinste Geldstück. Vierundsechzig davon ergaben einen Denar. Sie warf zwei davon in den Opferkasten. Damit hatte sie alles geopfert, was sie an materiellen Gütern besaß: ein Vierundsechzigstel eines Tagelohns. Ihre Spende bedeutete ein wirkliches Opfer. Die Gaben der Reichen bedeuteten nur eine herablassende Geste. Deshalb waren für Jesus die zwei Kupfermünzen der mittellosen Frau wichtiger als alles Geld der Wohlhabenden. Diese gaben von ihrem Überfluss. Die Witwe aber teilte ihre Armut aus.

Jesus erzählte das Gleichnis von der verlorenen und wiedergefundenen Drachme. Wie ist das aus deiner Sicht zu verstehen?

Im alten Orient trug die Frau ihren Hochzeitsschmuck immer bei sich. Ihre Kopfbedeckung, eine Art Kappe, bestand manchmal aus Hunderten von kleinen Gold- und Silbermünzen aus aller Herren Länder. Es war ihr kostbarer Besitz. Gleichzeitig stellte dieser eine Art Notgroschen dar. Selbst während des Schlafes wurde diese Kostbarkeit nicht abgenommen. Die Bildrede von der verlorenen Drachme (Lk 15,8–10) erwähnte eine solche Frau. Sie war nicht wohlhabend. Ihr Kopfschmuck war nur mit zehn Münzen besetzt: eine recht bescheidene Zierde.

Nun hatte diese Frau eines ihrer Geldstücke verloren. Sie zündete eine Lampe an. In die ärmliche, fensterlose Behausung fiel kaum Licht ein. Mit einem Palmwedel fegte sie das Haus aus. Der Fußboden war mit Feldsteinen ausgelegt. Vielleicht hörte sie die Münze im Dunkeln klirren.

Aber noch etwas ließ sie so eifrig suchen: Der kostbare Heiratsschmuck war auch ein sichtbares Zeichen der Liebe ihres Mannes, deshalb die überschwängliche Freude beim Auffinden der verlorenen Drachme. Sie rief ihre Freundinnen zusammen: „Freut euch mit mir! Ich habe meine Drachme wiedergefunden." Genauso freut sich Gott über einen Menschen, der auf den rechten Weg zurückkehrt.

In der Bildrede vom barmherzigen Samariter und der Gleichgültigkeit der Frommen zeigte der Kaufmann aus Samarien nicht nur Hilfsbereitschaft gegenüber dem zusammengeprügelten Fremden, ja er zahlte dem Wirt in der Herberge sogar noch im Voraus die Vollpension für ihn. War das nicht ein bisschen übertrieben?

Meinst du? Diese Geschichte zielte letztlich auf die Frage ab: Wer ist mein Nächster (vgl. Lk 10,25–37)? Jesus platzierte sein Gleichnis an einer Stelle, wo sich Fuchs und Hase gute Nacht sagen. Der einsame siebenundzwanzig Kilometer lange Abstieg von Jerusalem nach Jericho war berüchtigt für Raubüberfälle. Und da lag tatsächlich auf halber Strecke mitten in der Wüste ein Mann, niedergeschlagen und ausgeplündert. Ein Priester und ein Tempeldiener kamen vorbei. Voller Entsetzen flohen sie von der Stätte der Gewalt. Vielleicht war dieser Unglücksrabe schon tot. Und „Tote am Weg" galten den Frommen als unrein. Man durfte sie nicht berühren.

Auch ein Samariter kam des Weges. Als Angehöriger einer vom Judentum abgespaltenen Sekte wurde er von den beiden anderen als Heide angesehen. Dazu war er noch ein Geschäftsmann. Er musste sich auf einer längeren Reise befinden, denn er hatte Öl und Wein bei sich. Der Samariter sah den Unglücklichen in seinem Blut liegen und empfand Mitleid mit ihm. Er zerriss sein Kopftuch oder sein leinenes Untergewand. Dann mischte er Öl und Wein zu einem blutstillenden Mittel und verband die Wunden. Schließlich setzte er den Hilflosen auf sein Reittier und brachte ihn zur nächsten Karawanserei. Des Guten noch nicht genug! Am folgenden Morgen drückte er dem Wirt zwei Denare in die Hand, damit er sich weiterhin um den Schwerverletzten kümmerte. Mit diesem Preis waren die „Hotelkosten" mit Vollpension für zwölf weitere Tage gesichert.

Nun zurück zu deiner Frage. Durch diese Bildrede machte Jesus das oberste Gesetz seiner Lehre deutlich: Das Liebesgebot kennt keine Grenzen. Mein Nächster ist jeder Mensch, der meine Hilfe braucht, jenseits von Religion, Volk und Rasse. Diese allumfassende Hilfsbereitschaft gilt also nicht nur dem Gleichgesinnten. Sie macht selbst vor dem ärgsten Feind nicht Halt.

Verliebt, verlobt, verheiratet – und wenn es zur Scheidung kommt?

Die biblische Gesetzgebung verstand die Ehe als ein klar umrissenes Rechtsverhältnis, dessen Zustandekommen und Fortdauer ganz bestimmten, festgelegten Bedingungen unterlag. Wir sprachen darüber mit dem Brautpaar bei der Hochzeit in Kana. Nennen wir sie Daniel und Sara.

Daniel, was war das Mindestalter für einen ehefähigen jungen Mann?

Es wurde mit achtzehn Jahren angesetzt. Die freie Partnerwahl war dabei sehr klein geschrieben. Auf jeden Fall gab man den Interessen des Clans mehr Gewicht als den persönlichen Neigungen der zukünftigen Ehepartner. Diese hatten ja dann auf Jahre hin Zeit, in einem gemeinsamen Lernprozess einander zu lieben und hochzuschätzen. Normalerweise verheiratete der Vater den Sohn, solange er noch „die Hand an seinem Genick" hatte, das heißt solange er noch Verantwortung für ihn trug.

Sara, und wie verhielt es sich mit der jungen Frau?

Das Mädchen wurde verheiratet, sobald es seine Geschlechtsreife erreicht hatte und das entsprach nach dem Gesetz einem Alter von zwölfeinhalb Jahren. Auch Maria, die Mutter Jesu, war sicherlich bei ihrer Hochzeit nicht viel älter als vierzehn.

In den meisten Fällen waren es also die Väter, die in diesem Punkt das Sagen hatten. War das bei euch auch der Fall, Daniel?

Indirekt schon. Wenn sich ein junger Mann für eine Frau interessierte, dann war es ihr Vater und nicht das Mädchen selbst, mit dem man Kontakt aufnahm und von der guten Partie zu überzeugen versuchte. Er war es auch, der entschied, ob seine Tochter ihre Familie verlassen durfte oder nicht. Nach seinem Tod ging diese Autorität auf den ältesten Bruder des Mädchens als Vertreter der Familie über.

Wie schon angedeutet, galt die Eheschließung nicht so sehr als Privatsache zweier junger Menschen, sondern als eine wichtige Angelegenheit der Familien. Man ging dabei von der Überzeugung aus, dass die Ehen schon im Himmel geschlossen wurden. Zuweilen nahmen aber auch die Familien Rücksicht auf die Herzenswünsche der jungen Leute. Bei uns war das Gott sei Dank auch so.

Sara, wurde auch auf deine Zustimmung Rücksicht genommen?

Ja, obwohl das nicht so üblich war. Unsere Ehe besiegelten wir schon bei der Verlobung mit einem beidseitigen Schwur als einem Bund vor Gott. Durch diesen feierlichen Akt übertrug mein Vater seine Autorität auf Daniel. Die Verlobung verpflichtete uns beide zur Eheschließung und vorehelichen Treue (vgl. Dtn 22,23–27).

Vollzog sich damit nicht eine Art Kaufvertrag zwischen deinem Vater und Daniels Vater?

In gewisser Hinsicht kann man das so bezeichnen. Die Zahlung des Brautpreises, des sogenannten Mohar, an den Brautvater wurde normalerweise durch den Bräutigam oder auch durch dessen Vater geleistet. Das gezahlte Brautgeld galt als Mitgift der Frau innerhalb der Ehe. Es diente zu ihrer Absicherung bei schlechter Versorgung, Scheidung oder als Witwe. Über dieses Vermögen besaß der Mann keinerlei Verfügungsrecht. Dieser Preis konnte aber auch auf andere Weise eingelöst werden, wie uns das Beispiel Jakobs zeigt, der sieben Jahre lang bei seinem Schwiegervater Laban Dienst tat, um seine Lieblingsfrau Rachel zu erwerben (vgl. Gen 29,20).

Wie wurde nun euer Hochzeitsfest gestaltet, Daniel?

Die Hochzeit als die Heimholung der in der Verlobung versprochenen Braut war für uns beide ein Anlass zu großer Freude, wie es schon der Prophet Jeremia beschreibt: „Jubelruf und Freudenruf, der Ruf des Bräutigams und der Ruf der Braut" (Jer 16,9).

Jesus selbst, mit dessen Mutter wir gut befreundet waren, bezog sich mehr als einmal auf ein solches Freudenfest. Ja, er verglich sich selbst mit dem Bräutigam und gab seinen Gegnern zu verstehen, dass die Hochzeitsgäste nicht trauern können, solange der Bräutigam bei ihnen ist (vgl. Mt 9,15). Bei unserer Hochzeit zu Kana wurde er selbst zum Freudenmeister (vgl. Joh 2,1–12).

Ihr müsst ja damals in eine große Verlegenheit geraten sein, als euer Küchenchef merkte, dass der Wein ausgegangen war?

Das kann man wohl sagen. Nun konnten wir auch beim Nachbarn nicht den nötigen Wein ausleihen. Kana galt nicht als Weingegend. Unsere Stadt rühmte sich zwar für die besten Paradiesäpfel im Land. Aber sollten wir jetzt den Hochzeitsgästen Granatapfelsaft anbieten? Das wäre einer totalen Blamage gleichgekommen. Bei Hochzeitsfeiern gab es eben Wein. Das verlangten einfach die Etikette und der Festcharakter. Zum Glück entdeckte Maria, die Mutter Jesu, dieses Malheur. Du kennst ja die Geschichte, wie sie Johannes im zweiten Kapitel seines Evangeliums erzählt: Wie Jesus auf die Bitte seiner Mutter hin das Weinwunder vollzog und damit noch den Bräutigam vor allen Gästen mit diesem hervorragenden Tropfen „in den Himmel hob". Aber was denkst du, was das Allerwichtigste an der ganzen Sache war? Seine Jünger und auch wir glaubten an ihn. Galt doch damals als allgemein gängige theologische Lehre, dass Gott bei der Erschaffung der Welt für das Kommen des Messias einige Dinge zurückgehalten hatte. Dazu zählte auch der gute Wein für das Freudenmahl mit dem Messias.

Welche Jahreszeit, Sara, galt damals als ideal für eine Hochzeit?

Der Herbst. Die Traubenlese war vorbei. Die Ernte hatte man eingefahren: ein weiterer Anlass zu Freude und Jubel. Viele Verwandte und Gäste waren zu unserer Hochzeit geladen. Das Fest selbst zog sich über Tage und Nächte hin (vgl. Gen 29,22). Einer der wichtigsten Augenblicke war mein Eintritt als Braut ins Haus meines zukünftigen Mannes am Abend vor der Hochzeit. Daniel holte mich in Begleitung seiner Freunde ab. Er war festlich geschmückt (vgl. Jes 61,10). Auf dem Haupt trug er ein Diadem, das er aus der Hand seiner Mutter erhalten hatte (vgl. Hld 3,11). Einer seiner engsten Freunde fungierte als Zeremonienmeister und galt als eine wichtige Figur bei der ganzen Feierlichkeit (vgl.

Joh 3,29). Nun wurde ich dem Bräutigam übergeben. Meine Eltern sprachen ein Segensgebet über ihre Tochter, übrigens die einzige religiöse Handlung bei der Eheschließung. In Anwesenheit meiner Freundinnen und unter Tanz, Jubel und Musik wurde ich nun als die Erwählte in das Haus des Bräutigams geleitet. Das Hohelied der Liebe schildert eine solche festliche Prozession: „Wende dich, wende dich, Schulamit! Wende dich, wende dich, damit wir dich betrachten (…) Wie schön sind deine Schritte in den Sandalen, du Edelgeborene. Deiner Hüften Rund ist wie ein Geschmeide, gefertigt von Künstlerhand" (Hld 7,1–2). Daniel umhüllte mich mit seinem Mantel als Symbol für den ehelichen Schutz (vgl. Rut 3,9).

Der Abend wurde unter Gesang und Spiel verbracht. Während Daniel in vollen Zügen daran teilnahm, zog ich mich als Braut in einen Raum des Hauses zurück, der für mein privates Leben ausgestattet war.

Gegen Abend brachten die Gäste dem Bräutigam ihre Geschenke. Ein opulentes Mahl wurde aufgetragen, wobei Männer und Frauen in getrennten Gruppen speisten.

Ich erwartete mit meinen Freundinnen sehnlichst Daniel. Endlich erschallte in der Nacht der Ruf: „Der Bräutigam kommt", wie es der Evangelist Matthäus im Gleichnis von den zehn Jungfrauen erzählte (vgl. Mt 25,6).

Die Mädchen eilten ihm mit brennenden Lampen entgegen und begleiteten uns als Hochzeitspaar in unser Schlafgemach. Ihre Vollendung erfuhr unsere Eheschließung durch ihren Vollzug im Einswerden von Mann und Frau.

Daniel, damit hatte wohl das vor dem Angesicht Gottes erklärte Treueversprechen rechtliche Geltung?

Ja und es beinhaltete eine tiefe religiöse Bedeutung. Der Prophet Ezechiel formulierte es in dem ehelichen Bild der Verbindung zwischen Gott und seiner Braut – Jerusalem – so: „Ich leistete dir den Eid und ging mit dir einen Bund ein (…) und du wurdest mein" (Ez 16,8).

Deshalb sah man eheliche Untreue in unserer Zeit als ein schweres Delikt an. Eine Ehefrau, die man beim Ehebruch ertappte, musste ihr Vergehen mit dem Tod bezahlen. Sie wurde gesteinigt (vgl. Deut 22,21). So sollte es auch mit der Ehebrecherin geschehen, die man vor Jesus zerrte, damit er sein Urteil über sie spreche (vgl. Joh 8,1–11). Doch seine Barmherzigkeit war größer als die Schwäche des Menschen. Auch dem Mann, der mit einer verheirateten oder verlobten Frau beim Seitensprung erwischt wurde, blühte das gleiche Schicksal. Dahinter stand das Verständnis, dass bei einem solchen Vergehen nicht nur der Einzelne geschädigt wurde, sondern auch die Gemeinschaft als Ganze in Gefahr geriet.

Wie realisierte sich die eheliche Gemeinschaft im biblischen Alltag?

Sie vollzog sich in ihrem tiefsten Sinn beim Zeugen der Kinder. Die Aufgabe der Erziehung, der religiösen, schulischen und beruflichen Bildung, lag in den Händen der Familie. Mutter und Vater teilten sich diese Aufgaben. Die Kinder übernahmen schließlich, wenn sie größer wurden, die Verantwortung für ihre Eltern. Somit war durch die Ehe auch die Altersversorgung geregelt.

Daniel, du sprachst von der Aufgabe der Erziehung. Wie wurde diese zwischen Vater und Mutter aufgeteilt?

Die Kinder galten als Eigentum des Vaters. Da die Söhne die Nachfolgerschaft ihres Vaters garantierten, genossen sie gewisse Privilegien. Das zeigte sich schon bei der Geburt eines Jungen, die mit großem Jubel begrüßt wurde. Acht Tage danach erfolgte die Beschneidung als Zeichen des Bundes, den der Stammvater Abraham mit Gott geschlossen hatte.

Bei der Geburt einer Tochter war die Freude nicht so riesengroß, da sie sich bei der Heirat in eine andere Familie integrierte. Sie lebte bis zur Hochzeit im Haus ihrer Eltern. Sie half ihrer Mutter bei den alltäglichen Arbeiten und hütete die Herde (vgl. Gen 29,9).

Vom sechsten Lebensjahr an übernahm ich als Vater die Erziehung unserer Söhne. Ich unterwies sie im Gesetz und ließ ihnen durch die Pharisäer im Lehrhaus der Synagoge, im „Beit Midrasch", eine religiöse Schulerziehung zuteil werden. Dabei lernten sie Lesen und Schreiben, damit sie die Heiligen Schriften studieren konnten. Wenn einer meiner Jungen mit dreizehn in die Pubertät kam, galt er religiös als erwachsen. Er wurde zu einem „Bar Mizwa" („Sohn des Gesetzes") und war damit den Geboten verpflichtet. Meine heranwachsenden Söhne halfen mir bei der Feldarbeit oder im Weinberg (vgl. Mt 21,28ff; Lk 15,29).

In eurer Zeit galt die patriarchalische Gesellschaftsform?

Ja. Das gesamte gesellschaftliche und familiäre Leben war stark auf den Mann ausgerichtet. Männer bekleideten die öffentlichen und religiösen Ämter. Sie galten als die Führungs- und Entscheidungspersonen innerhalb ihrer Familien. Dort übernahm der Mann eine Art priesterliche Aufgabe, sozusagen als Stellvertreter Jahwes. Er bestimmte die Richtung für das Familienleben, wie es bei Josua 24,15 heißt: „Ich aber und mein Haus, wir wollen dem Herrn dienen." Seine Hauptaufgabe lag natürlich bei der wirtschaftlichen und beschützenden Versorgung seines Hauses: im Erbarmen, Pflegen und Ermahnen.

Und die Frauen, Sara?

Bei der Namensgebung spielte die Mutter seit frühester Zeit eine wichtige Rolle. Das Neugeborene erhielt von ihr seinen Namen. So nannte Eva ihren Sohn Set (Setzling), weil Gott ihr einen anderen Nachwuchs für Abel eingesetzt hatte, den Kain erschlug (vgl. Gen 4,25).

Auch „Lea wurde schwanger und gebar einen Sohn. Sie nannte ihn Ruben (Seht ein Sohn!); denn sie sagte: Der Herr hat mein Elend gesehen. Jetzt wird mein Mann mich lieben" (Gen 29,32).

So unterstrich also der Name die Persönlichkeit des Betreffenden?

In der Tat. Oft erinnerte er auch an Begleitumstände bei der Geburt des Kindes. Der Name bedeutete Sendung und Schicksal: Die Mutter des Jesaja sollte ihren Sohn Emmanuel (Gott mit uns) nennen. Aus Jakob wurde Israel (der Gottesstreiter). Die Jungfrau Maria wurde aufgefordert, ihr Kind Jesus (Heilbringer) zu nennen.

Damals wurden noch Kinder als ein großer Segen des Himmels angesehen.

Und ob. Schon in den Psalmen wurde dies gerühmt: „Kinder sind eine Gabe des Herrn, die Frucht des Leibes ist ein Geschenk. Wie Pfeile in der Hand des Kriegers, so sind Söhne aus den Jahren der Jugend" (Ps 127,3–4). Oder: „Wie junge Ölbäume sind deine Kinder rings um deinen Tisch" (Ps 128,3).

Gab es bei euch Reinigungsvorschriften im Zusammenhang mit einer Geburt?

Bei der Geburt eines Sohnes galt die Mutter vierzig Tage lang als unrein. Bei einer Tochter waren es achtzig Tage (vgl. Lev 12,2–4). Für die Reinigung musste die Mutter ein besonderes Opfer darbringen, wie es das Buch Levitikus vorschrieb: „Wenn die Zeit ihrer Reinigung vorüber ist, soll sie, für einen Sohn ebenso wie für eine Tochter, ein einjähriges Schaf als Brandopfer (…) bringen" (Lev 12,6–8). Maria, die Mutter Jesu, hielt sich an die Vorschriften für die weniger begüterten Leute. Da sie die Mittel für ein Schaf nicht aufbringen konnte, opferte sie „ein Paar Turteltauben oder zwei junge Tauben" (Lk 2,24).

Wie hast du als junge Mutter deine neugeborenen Kinder versorgt?

Das geschah alles mit größter Aufmerksamkeit. Das Baby wurde gebadet und mit Salz abgerieben, damit es stark und immun gegen alle bösen Einflüsse wurde. Dann wickelte ich es in Windeln, wie es auch Maria im Stall von Bethlehem getan hatte (vgl. Lk 2,7).

Normalerweise stillte ich meine Kinder selbst, was sich auf mehrere Monate, ja bis zu zwei oder drei Jahre hinziehen konnte. Der Tag der Entwöhnung wurde mit einem großen Festmahl begangen. Nach diesem Brauch handelte auch Abraham, als Isaak herangewachsen war und nicht mehr an die Brust seiner Mutter gelegt zu werden brauchte (vgl. Gen 21,8).

Die Kinder unterstanden in den ersten fünf Jahren ganz der Obhut und Liebe ihrer Mutter. Nur die Liebe Gottes ist in der Lage, diese Zärtlichkeit zu übertreffen: „Kann denn eine Frau ihr Kindlein vergessen, eine Mutter ihren leiblichen Sohn? Und selbst, wenn sie ihn vergessen würde: ich nicht" (Jes 49,15).

Ihr Frauen wurdet doch sicherlich als Mütter hoch geehrt und respektiert?

Für die Kinder, die wir zur Welt brachten, vorzugsweise männlichen Geschlechts, brachte man uns große Anerkennung entgegen. Kinder sicherten ja den Fortbestand der Familie und die Führung des Hauses. Allerdings hatten wir eine gewisse untergeordnete Stellung innerhalb unserer Gesellschaftsform. Dabei wurden uns kleine Privilegien zugestanden. Beispielsweise entzündete ich als Mutter des Hauses am Freitag, wenn die Dämmerung anbrach und der Tag in den Abend überging, die Sabbatkerzen in der Mitte des Tisches. Die beiden Lichter symbolisierten die Gebote „Sachor" („Gedenke des Sabbattages") und „Schamor" („Hüte den Sabbattag"). Dann hob ich die Hände gegen diese Lichter und sprach den Segen. Damit hatte der Sabbat begonnen und jede werktägliche Arbeit ruhte.

Am politischen wie auch am religiösen Leben nahm stellvertretend mein Mann Daniel für seine Familie teil. Das war keine Frauensache. Die einzige Ausnahme davon bildeten nur die im „Buch der Richter" genannten Frauen. Wir besaßen also einen klar eingegrenzten Bereich, in dem wir wirkten, lebten und uns entfalten konnten. Auch fiel uns die Aufgabe zu, unseren Ehemann zu ergänzen und seine Schwächen auszugleichen. Im täglichen Leben bestand meine Tätigkeit besonders in der Führung und Verwaltung des Hauses und der Betreuung der Kinder. Um deren Erziehung, besonders der Knaben, kümmerte sich vor allem der Vater.

Gab es auch gemeinsame Pflichten?

Oh ja. Diese bestanden vor allem darin, füreinander da zu sein, uns zu helfen und zu ergänzen. So arbeiteten wir mit unterschiedlichen Fähigkeiten und Aufgaben für dieselbe Sache. Väterliche und mütterliche Liebe umgab die Kinder, die sich oft in familiärer Festlichkeit, in Erholung und Spiel ausdrückte. Der Prophet Sacharja zeichnete uns davon ein buntes Bild: „Die Straßen der Stadt werden voll Knaben und Mädchen sein, die auf den Straßen Jerusalems spielen" (Sach 8,5). Natürlich stand die Achtung vor den Eltern bei uns hoch im Kurs und nahm den vierten Platz unten den Zehn Geboten ein: „Ehre deinen Vater und deine Mutter, damit du lange lebst in dem Land, das der Herr, dein Gott, dir gibt" (Ex 20,12).

Wie verhielt es sich mit der Scheidung?

Während die Ehe von ihrem Wesen her schöpfungsgeschichtlich von Gott eingesetzt und als unauflöslich galt, war die Scheidung zwar nicht ausdrücklich verboten, sondern eher toleriert, wenn sich kein anderer Ausweg mehr bot. Da der Ehemann der Herr seiner Frau war, wurde ihm das Recht zugestanden, diese zu entlassen, wenn sie ihm nicht mehr gefiel oder weil er etwas Anstößiges an ihr entdeckt hatte. Er stellte ihr eine Scheidungsurkunde aus (vgl. Deut 24,1).

Der Mann musste diesen Entschluss öffentlich mit der Formel kundtun: „Denn sie ist nicht meine Frau, und ich bin nicht ihr Mann" (Hos 2,4).

Sara, was tat dann die Geschiedene?

Sie kehrte gewöhnlich in ihr Elternhaus zurück. Dort durfte sie wie in ihrer Jugend vom Brot ihres Vaters essen (vgl. Lev 22,13). Zwar hatte sie die Möglichkeit, wieder zu heiraten, doch ihr Schicksal war nicht gerade beneidenswert, da sie als die Verlassene und Bekümmerte angesehen wurde (vgl. Jes 54,6).

Der Prophet Maleachi jedoch verurteilte die ganze Scheidungspraxis in einer niederschmetternden Passage, indem er sie mit dem Verrat an Gott gleichsetzte: „Handle nicht treulos an der Frau deiner Jugend! Wenn einer seine Frau aus Abneigung verstößt, [spricht der Herr, Israels Gott,] dann befleckt er sich mit einer Gewalttat, spricht der Herr der Heere" (Mal 2,15–16).

Von daher verstehe ich jetzt die Diskussion Jesu mit den Pharisäern besser, als sie ihm bezüglich der Ehescheidung eine Falle stellen wollten und er ihnen die Worte aus der Schrift entgegenschleuderte: „Nur weil ihr so hartherzig seid, hat er euch dieses Gebot gegeben. Am Anfang der Schöpfung aber hat Gott sie als Mann und Frau geschaffen. Darum wird der Mann Vater und Mutter verlassen, und die zwei werden ein Fleisch sein. Sie sind also nicht mehr zwei, sondern eins. Was aber Gott verbunden hat, das darf der Mensch nicht trennen" (Mk 10,5–9).

Und damit wurde eine klare, unmissverständliche Aussage gemacht: Jenseits aller mosaischen Vorschriften steht die

Heiligkeit der Ehe, weil sie von Gott eingesetzt ist. Und was Gott verbunden hat, darf der Mensch nicht trennen.

Fürsorgende Liebe über den Tod hinaus

Wie das Sterben und die Bestattung in der allgemeinen jü-
disch-biblischen Praxis gehandhabt wurde, kann uns kein
anderer besser erklären als Lazarus selbst, der ja den Tod am
eigenen Leib erfahren hatte, bis er nach vier Tagen der Gra-
besruhe von seinem Freund Jesus von den Toten auferweckt
wurde.

*Lazarus, schon dein Name in seiner Bedeutung „Gott hat gehol-
fen" ist ein Omen. In der Tat hatte der himmlische Vater dich
auf die Worte Jesu hin aus dem Totenreich wieder in die Welt
der Lebenden zurückgeholt. Der Evangelist Johannes erzählt
uns, dass Jesus dich liebte. Er berichtet uns auch von der bitteren
Trauer deiner Schwestern um dich, ihren verstorbenen Bruder,
aber auch von ihrem Glauben an die endzeitliche Auferstehung
der Toten, von der Selbstidentifizierung Jesu mit Auferstehung
und Leben, von deiner wundersamen Auferweckung aus dem
Grab und dem Glauben, der dieses Wunder bei denen ausgelöst hat, die das miterleben durften. Was geschah eigentlich mit
deinem Leichnam in den ersten Stunden nach deinem Ableben?*

Meine Schwester Marta schloss mir die Augen, indem sie
eine Münze darauflegte. Dann wusch meine andere Schwester Maria den ganzen Körper mit Salben aus Myrrhe und
wohlriechenden Ölen. Hände und Füße wurden mir gebunden. Anschließend umwickelten sie meinen Leib mit Leinen-

binden und ich wurde auf eine Bahre gelegt. Dann begann die Totenklage, indem sich die Verwandten und Nachbarn auf die Brust schlugen, meinen Namen riefen, weinten und zwischendurch Klagelieder sangen. Frauen stießen dabei laute Klagerufe aus. Andere verunstalteten ihre Haartracht. Männer zerrissen ihre Kleidung. Auch Jesus weinte vor meinem Grab. Er weinte vor allem aber um die, deren Trauer so fassungs- und hoffnungslos war.

Wurdest du noch am Todestag zu Grabe getragen?

Schon wegen der klimatischen Verhältnisse war meine zeitnahe Beisetzung notwendig, also noch am Sterbetag. Von daher verstehst du noch besser die besorgte Warnung meiner immer praktisch denkenden Schwester Marta, als Jesus nach seiner Ankunft befahl, die Deckplatte von dem Felsengrab zu entfernen: „Lass es sein!", rief sie ihm zu. „Unser Bruder liegt schon vier Tage in seinem Grab. Die Verwesung hat bereits eingesetzt. Er riecht schon!" Mit diesem harten Einwand akzeptierte Marta meinen Tod mit all seinen traurigen Konsequenzen. Was geschehen war, galt für sie als unwiderruflich.

Wie vollzog sich deine Beisetzung?

Meine Angehörigen und Mitglieder der Ortsgemeinschaft von Betanien gaben mir in einer Prozession das letzte Geleit. Das Grab bestand aus einer Höhle, in der schon unsere Eltern ruhten. Die Hinterbliebenen legten Blumen und Kräuter auf meine Grabstätte. Zur Erhellung trugen sie Öllampen in ihren Händen. Da unser Felsengrab nur über wenige Wandnischen verfügte, musste vorher die schon vor Jahren erfolgte Beisetzung meines Großvaters von einer der Grablegen abgenommen werden. Die Gebeine meines Ahnen wurden samt den Beigaben in die Knochengrube des Grabes umgebettet. Meine eigene Grablege an der ursprünglichen Stätte des Großvaters hatte man gereinigt und mit Ölen, Salben, Kräutern und Aromata für meine Bestattung hergerichtet.

So bestand wohl euer Familiengrab aus Arkosolien oder Bankbogengräbern?

In der Tat. Es waren bogenförmig überspannten Nischen, in deren Böden sich je eine Aussparung für den Leichnam befand. Die eigentliche Grabkammer wurde mit einer Steinplatte verschlossen, der Bogen selbst blieb offen. Arkosolien waren in unserer herodianischen Zeit eine moderne Form der Bestattung.

Gab es damals auch noch andere Grabtypen?

Ja, die sogenannten Kokim- oder Schiebegräber. So ein Grab erreichte man durch Stufen unterhalb der Erdoberfläche. Es bestand aus einer aus dem Felsen herausgeschlagener Anlage. Dort konnten mehrere Leichname in Wandnischen bestattet werden. Diese waren gerade so groß, dass man einen Toten bequem hineinlegen konnte: fünfzig Zentimeter breit, achtzig Zentimeter hoch, zwei Meter lang. Verschlossen wurde der Grabeingang mit einem Rollstein.

Wurden nicht auch manchmal die Knochen der früher Verstorbenen in Steinkästen, sogenannten Ossuaren, aufbewahrt?

Das stimmt. Diese Sitte der Zweitbestattung stammte aus der Zeit zwischen 20 v.Chr. und 70 n.Chr. Wenn das „sündige

Fleisch" nach etwa zwei Jahren zerfallen war, bestattete man die Gebeine in solch kleinen Steinsärgen für die Auferstehung der Toten am „Jüngsten Tag"(vgl. Ez 37,1–10). Die Ossuare waren meist aus Kalkstein gefertigt. Mit einem flachen oder dachförmigen Deckel wurden sie verschlossen. Dieses „Dach" erinnerte daran, dass das Ossuar symbolisch als eine Art Grabhaus angesehen wurde. Häufig hatte man, oft von ungelenker Hand, Namen oder auch Berufsbezeichnungen in die Gebeinkästen eingeritzt. Die Frontseite war in der Regel mit Rosetten oder Kreisen verziert. Rosetten symbolisierten die Sonne als ein Lebensmotiv, der Kreis die Unendlichkeit Gottes im Hinblick auf die Auferstehung der Toten (vgl. Ez 37,1–10).

Wie war deine Lage im Grab?

Mein Leichnam wurde in Rückenlage lang gestreckt auf die Grabbank niedergelegt. Die Arme waren über der Brust gekreuzt. Ein Kopfrahmen diente dazu, meinen Kopf in aufrechter Position zu halten. Nach meiner Beisetzung wurde die Höhle mit einer Grabplatte verschlossen.

Wie lange dauerte damals die vorgesehene Trauerzeit für einen Verstorbenen?

Sieben oder dreißig Tage. In diesem Zeitraum trugen die Leute Trauergewänder. Sie verzichteten auf Körperpflege und fasteten. Die Hinterbliebenen wurden während dieser festgelegten Trauerperiode durch Nachbarn versorgt. Es galt als religiöse Pflicht, Trauernde zu besuchen, ihnen Essen mitzubringen, sie zu trösten, damit sie durch das Sprechen über den Toten Abschied nehmen konnten. Zum Abschluss der Trauerzeit fand ein Totenmahl im Trauerhaus statt. Bei mir war das natürlich anders, da ich ja nur vier Tage im Grab geruht hatte. So wurde aus dem Trauerschmaus noch ein festliches Abendessen in unserem Haus in Betanien. Über der frohen Feier lag jedoch ein drohender Schatten, da nun die Feinde Jesu, allen voran die Hohenpriester, danach trachteten, auch mich zu töten, denn um meinetwillen kamen viele Juden zu uns und glaubten an Jesus (vgl. Joh. 12,1–11).

Wie war das grundsätzliche Verhalten der Menschen gegenüber einem Verstorbenen?

Es war von großer Ehrfurcht geprägt. Sagt doch die Bibel: „Erweise auch den Toten deine Freundlichkeit." Tote zu begraben galt als gutes Werk. Auch der Feind und der zum Tod Verurteilte, ja selbst der Frevler, sie alle hatten ein Anrecht, in der Erde bestattet zu werden, aus der sie gemacht worden waren.

Und wie verarbeitete man die unabänderliche Realität des Todes?

Der Tod wurde von uns gläubigen Juden als Schlaf aufgefasst. Der Begräbnisplatz galt als Schlafort. Deshalb wurde auch die Leichenverbrennung strikt abgelehnt; denn eine Verbrennung bedeutete die existenzielle Vernichtung einer Person und diente als Höchststrafe für Kapitalverbrechen. Die absichtliche Nichtbestattung galt als Form größter Schande, Ausgrenzung und Vernichtung, wie es beispielsweise bei der Königin Isebel der Fall war (vgl. 2 Kön 9,30–37).

Haben die Angehörigen auch nach dem Beisetzung die Gräber ihrer Lieben besucht?

Ja, in der Trauerzeit und auch zu bestimmten Anlässen gingen die Verwandten zum Grab und brachten dem Verstorbenen eine „Speise" (vgl. Dtn 26,14). Dieser Brauch der nachträglichen Totenversorgung stand in Verbindung mit dem Gedenken an den Abgeschiedenen, das auf langfristiges Erinnern weit über Bestattung und Trauerzeit hinaus angelegt war.

Wie sah man das Leben nach dem Tod?

Der Tod galt als Heimgang in ein besseres Leben. Deshalb wurde das Sterben nicht als Ende des Lebens, sondern als Grenze zwischen zwei Lebensabschnitten gesehen. So hörte auch die Fürbitte für den Verstorbenen mit der Bestattung nicht auf.

Was geschah mit deiner Seele nach dem Verlassen dieser vergänglichen Welt?

Meine Seele irrte nicht als Geist umher. Vielmehr verweilte sie bei Gott. Ich lebte aus der Glaubensgewissheit, dass sie sich bei der Auferweckung allen Fleisches mit meinem verklärten, unsterblichen Leib wieder vereinen würde. Und dann hörte ich plötzlich im Jenseits die mächtige, vertraute Stimme unseres Herrn Jesus: „Lazarus, komm heraus!" So begann für mich ein zweites Leben.

Und wie sah dieses zweite Leben aus?

Nach der Legende war meine zweite Heimat das Königreich Kition mit seiner Residenz-Hauptstadt Larnaka auf Zypern. Dort wurde ich von Paulus und Barnabas auf ihrer Zypern-Reise als der erste Bischof dieser Stadt eingesetzt. Im Jahre 890 unter der Herrschaft Kaiser Leos VI. soll in Larnaka mein Sarkophag mit der Aufschrift „Lazarus, der Freund Christi" gefunden worden sein. Über der Fundstelle wurde eine Kirche gebaut, die bis heute meinen Namen trägt. Mein Sarkophag in der Krypta dort ist jedoch inzwischen leer. Nur meine Schädeldecke wird in einem Reliquiar verehrt.

Meine Gebeine wurden nämlich bald nach ihrer Entdeckung nach Byzanz – dem heutigen Istanbul – gebracht. Schließlich verschleppten sie die Kreuzritter 1204 nach Marseille und brachten sie dann nach Autun, wo man sie heute noch verehrt.

Kosmetik – Schmuck und die Schönheit der Frauen

Keine biblische Gestalt sorgt mehr für kontroverse Diskussionen wie Maria Magdalena. Fragen wir sie doch einmal selbst nach ihrer Identität.

Maria Magdalena, warst du eine Sünderin oder eine Heilige?

Ich möchte dir mit einer Gegenfrage antworten. Sind wir nicht alle Sünder? Und sind wir nicht alle zur Heiligkeit berufen? Und sind wir nicht alle auf die Barmherzigkeit Gottes angewiesen?

Wie recht du hast! Bei der Spurensuche im Neuen Testament ist Tatsache, dass Jesus dich von sieben Fesseln seelischer oder körperlicher Belastungen befreite. In der Sprache der Bibel werden sie Dämonen genannt. Du warst es auch, die bei Jesus in seinen letzten Stunden unter dem Kreuz aushielt, während seine Jünger vor Angst geflohen waren. Was gibt es noch mehr zu deiner Person zu sagen?

Ich hieß eigentlich Maria und trug meinen Beinamen Magdalena gemäß meines Heimatortes Magdala. Nach meiner Heilung durch Jesus schloss ich mich als Jüngerin ihm an. Nach seinem grausamen Tod am Kreuz ging ich am Morgen nach dem Sabbat zusammen mit zwei anderen Frauen zum Grab, um den Leichnam Jesu einzubalsamieren. So wurde ich eine der ersten Zeuginnen des leeren Grabes und der Botschaft des Engels: „Erschreckt nicht! Ihr sucht Jesus von Nazaret, den Gekreuzigten. Er ist auferstanden; er ist nicht hier. Seht, da ist die Stelle, wo man ihn hingelegt hatte" (Mk 16,6). Am Ostermorgen ging ich nochmals allein zum Grab. Da begegnete mir der auferstandene Herr persönlich. Der Gedanke, ihn nochmals lebend zu sehen, war mir so fern, dass ich zunächst in ihm den Gärtner vermutete, bis er mich mit meinem Namen anrief. So durfte ich diese alles umwerfende Erkenntnis, dass er lebt, seinen Jüngern weitergeben.

Warst du verheiratet?

Nein. Sonst wäre ich ja nach meinem Mann benannt worden wie beispielsweise Maria, die Frau des Klophas. Meine Heimat Magdala war ein Fischerstädtchen am See Genezareth. So war ich als Maria von Magdala bekannt. Viele Handelsleute zogen durch, wenn sie nach Damaskus unterwegs waren. Da Magdala auch berüchtigt für seine Prostituierten und ich recht wohlhabend war, hängte man mir später den Beinamen „Hure" an. So geht es manchmal im Leben. Die Vorurteile der Menschen gewinnen die Oberhand. Dazu besaß ich auch noch ein Haus, für meine Zeit ein sehr ungewöhnliches Faktum, denn Frauen stand kein Eigentum zu. Die spätere Tradition machte aus meinem Haus ein „Freudenhaus". Außerdem fühlte ich mich im Gegensatz zu anderen Frauen der jüdischen Gesellschaft total unabhängig, da ich keine familiären Verpflichtungen hatte. Auf diese Weise konnte ich sowohl ungebunden als auch wohlhabend Jesus folgen und mit anderen Frauen für seinen Lebensunterhalt Sorge tragen.

Maria aus Magdala, du hast den Leichnam Jesu nach seinem Tod mit kostbaren Ölen und Salben einbalsamiert. Der Evangelist Johannes berichtete davon, dass auch Nikodemus, der früher einmal Jesus bei Nacht aufgesucht hatte, eine Mischung aus Myrrhe und Aloe zur Salbung mitbrachte, etwa hundert Pfund (vgl. Joh 19,39). Schon vorher bei der Kreuzigungsszene spielt Myrrhe eine Rolle. Markus erzählte, dass jemand Jesus am Kreuz einen mit Myrrhe gewürzten Wein zur Betäubung reichen wollte, er diesen aber ablehnte (vgl. Mk 15,23). Was war diese Myrrhe?

Myrrhe hieß in unserer hebräischen Sprache „Murr", was so viel wie „bitter" bedeutet. Myrrhe war eine Tinktur aus dem Harz des Myrrhe-Strauches. Zu meiner Zeit hat man vor allem die Toten damit einbalsamiert.

Galt das Myrrhe-Harz nicht auch als Heilmittel?

In der Tat hatte Myrrhe eine lange Tradition. Als Medizin wurde das Harz pulverisiert, in Öl oder Wein gelöst, denn die Menschen schrieben ihm desinfizierende und schleimlösende Eigenschaften zu. Wir orientalischen Frauen beräucherten uns gerne mit Myrrhe, da diese ein wirksames Mittel bei unreiner Haut und auch bei Erkältungskrankheiten war. Aber auch zum Würzen des Weins nutze man Myrrhe seit alters her. In den Weinkellern wurden die gereinigten Weinfässer damit ausgeräuchert, um den Wein lange haltbar zu machen. Geharzter Wein galt als ein ganz besonderer Tropfen.

Und was gibt es zur Aloe zu sagen, die Nikodemus zur Salbung Jesu mitgebracht hatte?

Die beim Evangelisten Johannes genannte Aloe Vera stammte aus dem südwestlichen Arabien. Diese stämmige, büschelige Pflanze hatte dicke schwertähnliche Blätter mit dornig gezähnten Rändern. Inmitten der wie Rosetten angeordneten Blätter wuchsen auf einem bis zu sechzig Zentimeter langen Blütenstängel viele röhrenförmige orangefarbige Blüten. Aus den fleischigen Blättern wurde ein wohlriechendes bitteres Öl gewonnen. Als eingedampfte feste Masse war es ein begehrtes Handelsgut in unserer biblischen Zeit, das als Abführmittel oder als Duftstoff beim Einbalsamieren von Toten Verwendung fand.

War es nicht so, dass in deiner Zeit die kosmetischen Produkte zunehmend an Bedeutung gewannen, nachdem es den Menschen gelungen war, aus Duftpflanzen wohlriechende Salben herzustellen?

Das stimmt. Zunächst dienten diese Mittel jedoch in erster Linie der Hygiene. Das Salben des Körpers mit Fetten oder Ölen sicherte die Elastizität der Haut gegen starke Sonneneinstrahlung und Sandreiz. Die Menschen rieben sich regelmäßig ein, um somit dem Austrocknen von Haut und Haaren entgegenzuwirken.

Wie stellte man das Salböl her?

Es wurde aus Myrrhe, Zimt, Würzrohr, Kassia und Olivenöl gewonnen. Zuerst mussten die Pflanzen im Mörser zerrieben werden. Dann weichte man sie in Wasser und Öl ein. Um durch Wasserdampfdestillation die Aromastoffe aus den Zellwänden schonend freizusetzen, wurde das Ganze bei schwachem Holzkohlefeuer gekocht. Gummi oder Harze eigneten sich gut, den Duft der Masse zusätzlich zu fixieren. Sobald am Ende des Kochprozesses eine starke Schaumbildung erfolgt war, gab man Salz hinzu. Damit wurde die Haltbarkeit des kostbaren Produktes erhöht. Nun schöpfte man den Schaum an der Oberfläche ab und schüttete die Mixtur durch ein Sieb, damit sich das so gewonnene Duftöl an der Oberfläche absetzen konnte. Zuletzt füllte man es in Ton- oder Alabasterfläschchen. Diese eigneten sich am besten aufgrund ihrer Lichtundurchlässigkeit zur Aufbewahrung dieser teuren Spezerei.

Und wozu haben die Menschen das Salböl verwendet?

Im kultischen Bereich wurde den biblischen Königen beim Antritt ihrer Herrschaft Salböl auf das Haupt gegossen. Da das Haar in der Bibel Kraft symbolisierte (vgl. Ri 16,17), verstand man diese Salbung mit Öl als verstärkende Wirkung.

Im kosmetischen Bereich pflegte man das Haar mit Ölen, um es glänzender erscheinen zu lassen und vor der Austrocknung durch die Sonne zu schützen. Besonders teure und wohlriechende Salben symbolisierten den Wohlstand der betreffenden Person. Insbesondere bei Hochzeiten und Gastmählern wurden Ölkegel an die Gäste verteilt. Man befestigte diese Kegelchen über der Stirn am Haar, damit sie nach und nach kleinere Mengen an Duftöl abgaben.

Wurde nicht auch Nardenöl vorwiegend als Parfüm verwendet?

Oh ja. Nardenöl war zu meiner Zeit das meistgeschätzte und kostbarste Parfüm. Es galt als das wertvollste Salböl, das nur für Priester, Könige und hohe Eingeweihte bestimmt war. Maria, die Schwester des Lazarus, salbte Jesus die Füße damit (vgl. Joh 12,1–8). Das Nardenöl mit seinem Duft gab uns Frauen irgendwie das Gefühl, zu Hause angekommen zu sein.

Und wo wuchs diese berühmte Narde?

Wildwachsende Narden fand man im Himalaja zwischen 3000 und 5000 Metern Höhe. Dort wurden die Wurzeln gesammelt und das essenzielle Öl durch Wasserdampf-Destillation der Wurzeln gewonnen. Durch ihre Einfuhr aus einem solch fernen Land war die Narde auch so teuer.

Habt ihr euch schon damals geschminkt?

Ja. Du musst jedoch wissen, dass Augenschminke anfänglich nicht der Schönheitspflege, sondern dem Schutz der Augen vor äußeren Einflüssen diente. Damit konnte man Insekten abwehren, die durch den Kontakt mit den Augen Bakterien oder Viren als Krankheitserreger übertrugen. Man erkannte jedoch schnell, dass die Augen durch die Umrandung mit schwarzer Schminke größer und glänzender wirkten.

Und wie wurde diese Schminke hergestellt?

Die streichfähige schwarze Augenschminke wurde vorwiegend aus natürlich vorkommendem Bleisulfid, Ruß oder Kohle, Bienenwachs oder Ölen gewonnen, vermischt mit tierischen Fetten. Überwiegend verwendeten die Frauen Rindertalg oder Geflügelfett. Mit einem aus Holz, Knochen oder Elfenbein geschnitzten Schminkgriffel haben wir die Schminke rund um die Augen aufgetragen. Neben der schwarzen Farbe waren auch Blau- und Grüntöne, die man aus zerriebenem Malachit oder Kupfersilikaten gewinnen konnte, sehr beliebt. Die Schminkpaste bewahrten wir in Muscheln oder in kleinen länglichen, zylinderförmigen Behältern auf.

Haben die Frauen auch die Lippen geschminkt?

Dass Lippenschminke auch schon in biblischer Zeit verwendet wurde, erfährst du in den Liebesdichtungen des Hohenliedes (vgl. Hld 4,3). Diese Schminke bestand gewöhnlich aus rotem Ocker. Zerrieben mit Öl oder Honig bildete sie eine streichfähige Paste. Das Hinzufügen von Bienenwachs brachte den Vorteil mit sich, dass sich die Lippenschminke ohne einen Schminkgriffel auftragen ließ.

Sicherlich hast du als reiche Frau auch kostbaren Schmuck getragen?

Ja. Bis ich Jesus begegnete. Dann verkaufte ich all meinen Schmuck, um für den Unterhalt meines Herrn und seiner Jünger zu sorgen.

Kannst du uns trotzdem noch etwas mehr über den Schmuck der Frauen in der biblischen Zeit sagen?

Vor allem zu besonderen Angelegenheiten legten die Frauen ihren Schmuck an. Er war aus Gold, Silber, Kupfer und mit Edel- oder Halbedelsteinen oder auch gefärbtem Glas besetzt. Mit Schmuck sollte eigentlich die natürliche Schönheit hervorgehoben werden, wie sie das Hohelied beschreibt: „Schön sind deine Wangen zwischen den Kettchen, dein Hals in der Perlenschnur. Machen wir dir noch goldene Kettchen, kleine Silberkugeln daran. Rote Bänder sind deine Lippen; lieblich ist dein Mund. Dem Riss eines Granatapfels gleicht deine Schläfe hinter dem Schleier. Wie der Turm Davids ist dein Hals, in Schichten von Steinen erbaut; tausend Schilde hängen daran, lauter Waffen von Helden. Deine Brüste sind wie zwei Kitzlein, wie die Zwillinge einer Gazelle, die in den Lilien weiden" (Hld 1,10–11.4,3–5).

Was trugen die Frauen noch außer Kettchen und Perlenschnüren?

Stirnbänder, Spangen, Ohrringe, Armspangen, Gürtel, Riechfläschchen, Amulette, Fingerringe, Nasenringe, Täschchen, Spiegel. Erst durch Jesus habe ich verstanden, dass unser Schmuck nicht äußerlich sein muss durch Haarflechten, goldene Ketten oder prächtige Kleider, sondern dass der verborgene und unvergänglichen Schmuck tief im Herzen eines Menschen liegt durch einen sanften und stillen Geist und in guten Werken der Nächstenliebe.

Galt nicht auch Schmuck als Bild für Gottes erwiesene Gnade?

Das stimmt. Der Prophet Ezechiel schilderte dieses Bild geradezu mit überschwänglichen Worten: „Ich kleidete dich in bunte Gewänder, zog dir Schuhe aus Tahasch-Leder an und hüllte dich in Leinen und kostbare Gewänder. Ich legte dir prächtigen Schmuck an, legte dir Spangen an die Arme und eine Kette um den Hals. Deine Nase schmückte ich mit einem Reif, Ohrringe hängte ich dir an die Ohren und setzte dir eine herrliche Krone auf. Mit Gold und Silber konntest du dich schmücken, in Byssus, Seide und bunte Gewebe dich kleiden. Feinmehl, Honig und Öl war deine Nahrung. So wurdest du strahlend schön und wurdest sogar Königin" (Ez 16,10–13).

Seehandel am „Galiläischen Meer"
und die Fische im Netz des Petrus

Seit biblischer Zeit gehören Fischgerichte zum jüdischen Speisezettel. Und der See Genezareth mit seinen zahlreichen Fischarten konnte diese Menüs täglich neu bereichern. Wie aber übten damals die Fischer ihren Beruf aus? Wer könnte dazu besser Auskunft geben als Petrus, der als mittelständischer Unternehmer mit seinem Bruder Andreas am „Galiläischen Meer" ein großes Boot besaß, auf dem mindestens fünfzehn Männer Platz fanden.

Petrus, zunächst eine mehr allgemeine Frage: Hatte nicht Josua, der Nachfolger des Mose, nach der Eroberung Kanaans mit den Israeliten eine Vereinbarung getroffen, nach welcher der See Genezareth als Gemeinbesitz allen Stämmen Jakobs gehören sollte?

Ja genau. Das zeigte sich schon darin, dass jeder Israelit an jeder beliebigen Stelle des Sees Fischfang betreiben durfte, allerdings nur mit der Angel oder mit den Fischergarben. Dagegen wurde das Fischen vom Boot aus mit Schlepp- oder Wurfnetzen nur den Mitgliedern des Stammes Naphtali zugesprochen. Diese wohnten im westlichen Gebiet des Sees. Diese Rechte waren genau geregelt. Jeder Fischer war verpflichtet, seinem Berufsgenossen nicht ins Gehege zu kommen. Das heißt, er sollte sein Schiff so stellen und seine Netze so auswerfen, damit dadurch ein anderer nicht behindert wurde.

Und wie hast du damals geangelt, beispielsweise nach der kritischen Frage um die Tempelsteuer, als Jesus dich zum See schickte und dir den Auftrag gab: „Wirf die Angel aus; den ersten Fisch, den du heraufholst, nimm, öffne ihm das Maul und du wirst ein Vierdrachmenstück finden. Das gib den Männern als Steuer für mich und für dich" (Mt 17,27)?

Mit der an der Schnur ohne Rute ausgeworfenen Angel zog ich im Wasser stehend den Fisch aus dem See, der dieses Silberstück im Maul hatte. Ich verwahrte den Fisch dann in einem um die Hüfte gehängten Beutel.

Diese Geschichte klingt fast wie ein Märchen: ein Fisch an der Angel mit einem Geldstück im Maul.

Aber nur für Außenstehende. Du musst wissen, dieser Kammfisch, in unserer hebräischen Sprache „Muscht" genannt, existierte tatsächlich unter den zweiundzwanzig Fischarten des „Galiläischen Meeres". Als Maulbrüter hielt er seine Eier so lange im Maul, bis die Jungen ausgeschlüpft waren. Um sich ihrer zu entledigen, nahm er einen kleinen Kieselstein ins Maul und vertrieb sie. So fand eben „mein Fisch" etwas in der Sonne Glitzerndes auf dem Grund des Sees, das Vierdrachmenstück, unsere Steuermünze.

Ihr habt ja damals auch sicherlich mit Netzen gefischt. Gab es da verschiedene Arten?

Ja natürlich. Einmal die Wurfnetze. Sie waren rund, mit einem Umfang von ungefähr sechs Metern. An den Rändern hatten wir Senkbleie befestigt. Wie oft stand ich mit meinem Bruder Andreas mit hochaufgeschürzter Tunika im seichten

Uferwasser. Wir warfen das weite kreisförmige Wurfnetz schwungvoll in den See, das ausgebreitet auf die Wasserfläche niederfiel, natürlich immer in der Hoffnung, dass sich viele Fische darin verfingen. Dann zogen wir das Netz mit der von der Mitte ausgehenden Schnur wieder ein. Das geschah damals auch, als Jesus uns in seinen engsten Freundeskreis rief (vgl. Mt 4,18; Mk 1,16). Ohne lange zu überlegen ließen wir unsere Netze zurück und schlossen uns ihm an.

Und welches war die zweite Art der Fischernetze?

Das Schleppnetz, das wir auf dem See ausbreiteten. Darin wurden natürlich allerlei Fischsorten gefangen. Anschließend saßen wir am Ufer und sortierten das Fanggut aus (vgl. Mt 13,47ff). Die Speisefische kamen in Körbe zum Verkauf auf dem Markt, die ungenießbaren wurden weggeworfen. Als ungenießbar galten zu kleine Fische und vor allem Wassertiere, die nach dem mosaischen Gesetz nicht gegessen werden durften wie Krabben, Krebse und Muscheln. Auch war es verboten, den schuppenlosen Wels zu essen, weil er nicht koscher war.

Musstet ihr nach jedem Fischzug die Netze für die nächste Ausfahrt vorbereiten?

Ja. Während der Nacht waren wir ja mit den Booten unterwegs. In den Morgenstunden brachten wir unsere Netze für den nächsten Fischzug in Ordnung, die klassische Alltagstätigkeit der Fischer. So geschah es auch damals, als wir gerade aus unseren Booten ausgestiegen waren und unsere Netze wuschen. Den Tag hatten wir immer ganz routinemäßig begonnen. Da griff plötzlich Jesus ein. Er bat mich, meine Arbeit zu unterbrechen und ein Stück weit vom Land abzustoßen, damit er von dort aus besser die am Seeufer wartenden Menschen erreichen konnte. Er sprach mit einer solchen inneren Vollmacht und Autorität, dass die Leute ihm einfach zuhören mussten. Aber dann geschah das Außergewöhnliche: Er forderte mich auf, gegen alle Erfahrungen und Gewohnheiten noch einmal auf den See hinauszufahren und die Netze auszuwerfen. Mein Protest blieb nicht aus: „Meister, wir haben die ganze Nacht gearbeitet und nichts gefangen" (Lk 5,5). Dabei musst du eines bedenken: Fischen ist eine Tätigkeit, die in der Nacht Erfolg verspricht. Diesem Geschäft bei Sonnenlicht nachzugehen widersprach total meiner langjährigen Berufserfahrung, deswegen mein berechtigter Einwand. Zudem war Jesus als Handwerker aus Nazaret absolut kein Experte im Fischfang. Trotzdem konnte ich nicht im Widerspruch stecken bleiben. Wie von innen heraus gedrängt, fügte ich trotz meiner gegensätzlichen bisherigen Erfahrungen hinzu: „Doch wenn du es sagst, werde ich die Netze auswerfen."

Der Erfolg dieser Aktion war gewaltig. Wir fingen so viele Fische, dass unsere Netze fast zerrissen. Wir winkten die Besatzung des anderen Bootes herbei, um uns zu helfen. Fast wäre unsere Kooperation noch verhängnisvoll ausgegangen; denn der Fischfang war so reichlich, dass nun beide Boote zu sinken begannen. In dieser bedrohlichen Situation warf ich mich vor Jesus auf die Knie und erkannte, wer ich war: ein Mensch, der dem Wort Jesu nicht genug vertraut hatte.

Bei diesen Schleppnetzen ging es wohl um eine Art Hochseefischerei?

Stimmt. Diese Methode wurde am besten von zwei Booten im „Teamwork" betrieben. So bildeten Andreas und ich mit den Söhnen des Zebedäus ein Fischereiunternehmen. Gemeinsam fuhren wir täglich hinaus, legten die am unteren Rand beschwerten Netze im großen Bogen aus. Am oberen Ende waren Schwimmkörper angebracht, die die Netze an der Wasseroberfläche hielten und am unteren Ende Gewichte, sodass sie sich wie ein Vorhang ins Wasser senkten. Die Enden befestigten wir mit langen Seilen an den Booten, die dann diese Netze wie Segel durchs Wasser zogen. Normalerweise blieben unterwegs eine Menge Fische darin hängen. Schließlich schleppten die Boote sie ans Ufer. Dort, im Wasser stehend, wuschen wir die vom letzten Fang schmutzigen Netze und spannten sie dann zwischen Stangen zum Trocknen aus (vgl. Lk 5,10ff).

Habt ihr damals auch schon Fische konserviert?

Ja, und zwar eingesalzenen Fisch. Vor allem in Magdala gab es diese Industrie. Die Stadt verfügte über eine Fischereiflotte mit 230 Fischerbooten. Übrigens hieß der griechische Name von Magdala „Taricheae", was so viel wie „Einmachort von Fischen" bedeutete. Von dort wurden gepökelte Fische bis nach Rom exportiert.

Habt ihr damals auf dem See Genezareth schon Anker verwendet?

Sicher. Der Anker war mit einer Leine oder Kette verbunden. Er diente nicht nur zum Festmachen des Schiffes, sondern auch zum Manövrieren. Auch gab er eine Sicherheit für die Mannschaft, dass das Schiff in einem Sturm nicht unterging oder abgetrieben wurde.

Aus welchem Material bestanden eure Anker?

Bei ruhiger See bedienten wir uns eines an einem Seil befestigten Steines, den wir nach unten ließen. Diesen einfachen Typ nannten wir Gewichtsanker. Um das Seil sicher anzubringen, trieben wir in den Stein ein Loch. Der Stein senkte sich in den schlammigen Grund oder verfing sich zwischen anderen Steinen. Damit war das Festhalten des Bootes gesichert. Bei größeren Booten benutzten wir mehrere Anker an verschiedenen Seilen.

Der Evangelist Matthäus erzählte im 8. Kapitel von einem Sturm auf dem See, während Jesus im Boot schlief. Wie kamen solche Stürme zustande?

Das waren stoßartige, kraftvolle Fallwinde, in unserer hebräischen Sprache „Ruach mizrachit" („Ostwinde") genannt. Sie stürzten von den umgebenden Bergen auf den mit 212 Metern unter dem Meeresspiegel tiefstgelegenen Süßwassersee der Erde. Der eben noch so friedliche See verwandelte sich in Sekundenschnelle in ein tobendes Chaos mit hohem Wellengang. Der Wirbelwind machte das Steuern fast unmöglich. Wohl dem, der jetzt nicht auf dem See war!

Jesus fuhr häufiger mit uns in meinem Boot auf das „Galiläische Meer" hinaus. An diesem Abend war der See spiegelblank. Kaum ein Lüftchen rührte sich. Für uns gestandene Fischerleute ein Klacks, quer von einem Ufer zum anderen zu fahren. Plötzlich aber brach ein gewaltiger Sturm los. Sofort wurde das Boot von den Wellen überflutet. Wer hätte da keine Angst gehabt? Jesus aber schlief. In unserer Not rüttelten wir ihn wach und schrien: „Herr, rette uns, wir gehen zugrunde!" Er aber schien kein Verständnis für unsere Panik zu haben. Vielmehr bekamen wir noch Schelte: „Warum habt ihr solche Angst, ihr Kleingläubigen?" Dann streckte er die Hände zu einer beschwörenden Geste aus, drohte den Winden und es trat völlige Stille ein. Wir aber staunten (vgl. Mt 8,24–26).

Josef von Nazaret – wirklich ein Zimmermann?

Wie stand es eigentlich mit dem Handwerk in biblischer Zeit? Welche Berufe wurden ausgeübt? Wie erlernte man einen Handwerksberuf? Konnte man damit seine Familie ernähren? Alles Fragen, die uns ein typischer Handwerker aus dem Neuen Testament sicherlich aus eigener Erfahrung beantworten kann: Josef aus Nazaret.

Josef, du wirst in der christlichen Tradition immer als Zimmermann dargestellt. Stimmt das eigentlich?

Na ja, mit dem griechischen Wort „Tekton" bei Matthäus 13,55 ist Zimmermann eigentlich ein viel zu eng gefasster Begriff. Die Bezeichnung „Tekton" bedeutete damals so viel wie Bauhandwerker, auch Architekt oder Baumeister. Damit waren alle Tätigkeiten beim Hausbau mit eingeschlossen. Als „Tekton" war ich generell in der Bearbeitung von Holz und Steinen ausgebildet.

So dürfen wir dich wohl als einen talentierten Kunsthandwerker ansehen, der nicht nur mit Holz umgehen konnte, sondern auch als Steinmetz arbeitete?

Wenn du so willst, ja.

Wo geschah die Ausbildung für ein Handwerk?

Normalerweise im elterlichen Betrieb, sodass in der Regel der Beruf vom Vater auf den Sohn übertragen wurde, wie es ja auch zwischen mir und Jesus der Fall war.

Hatte damals das Handwerk schon „goldenen Boden", sodass man davon leben konnte?

Das hing von der Frage ab, wie hoch die Kaufkraft eines Ortes einzuschätzen war, sodass sich ein Handwerker niederlassen konnte. Manche meiner Berufsgenossen mussten von einer Stadt zur anderen umherziehen, damit sie genug Arbeit fanden. Jesus und mir wäre es nicht anders ergangen, da in Nazaret als kleines Dorf mit ein paar Hundert Einwohnern die Nachfrage nach unserer Arbeit schnell gesättigt war. Doch wir hatten das Glück, dass nur sechs Kilometer entfernt die Entwicklungsstadt Sepphoris im Aufbau war. Herodes Antipas, der Sohn Herodes des Großen und Herrscher über Galiläa, hatte Sepphoris zu seiner neuen Hauptstadt gemacht. So war unser handwerkliches Können dort sehr gefragt. Über drei Jahrzehnte lang hatten wir an diesem riesigen Bauvorhaben gearbeitet. Sepphoris wuchs zur größten und einflussreichsten Stadt der Region. Jesus und ich trugen zum Bau der neuen Metropole mit bei, denn beim Errichten größerer Gebäude und vor allem beim Palastbau des Herrschers war natürlich unser Spezialwissen, die Kenntnisse von Statik und Material, sehr gefragt.

Aber auch als Bauhandwerker beim privaten Hausbau wurden wir in dieser neu entstehenden Stadt angeheuert. So ergab es sich von selbst, dass wir uns mit den anderen Handwerkern und den dort beschäftigten Arbeitern anfreundeten.

Sicherlich hat eure Erfahrung in dieser geschäftigen, wohlhaben-
den Stadt die bilderreiche Sprache Jesu mit ihren Gleichnisreden
ein Stück mitgeprägt?

Das kann man wohl sagen. Von diesem Hintergrund aus
gesehen sind Jesu Lehren besser zu verstehen, die nicht nur
Beschreibungen aus der Landwirtschaft und Tierhaltung beinhalteten, sondern auch die Baustellen, Herrscher und No-
belleute, die Regierung, die Finanzen und andere Aspekte des
Lebens. Manchmal durften wir uns im Theater gratis unter
das Publikum bei den römisch-griechischen Tragödien mi-
schen, wenn die Schauspieler mit einer Maske vor dem Gesicht ihre Rollen „heuchelten". Genau diese Theatersprache
verwendete Jesus, als er den scheinheiligen Schriftgelehrten
und Pharisäern die Maske vom Gesicht riss.

Was war euer bevorzugtes Baumaterial?

Jahrhunderte lang galt im Orient die übliche Bauweise aus
Lehmziegeln. Nur Paläste und Tempel wurden aus massiven,
behauenen Steinen gebaut. Ihre Dächer bestanden aus schweren
Balken der Libanonzeder. Überall wurden in Sepphoris Stein-
metze und Bauleute gebraucht, die Steinquader maßgerecht zu-
rechtschlugen und auf die Statik der Gebäude achteten. Besonders wichtig war das Legen eines stabilen Fundaments sowie die
richtige Positionierung des Ecksteines, an dem sich das gesamte
Gebäude ausrichtete. Dieses architektonische Detail nahm Jesus auf und illustrierte damit bildhaft seine heilsgeschichtliche
Bedeutung: „Den Stein, den die Bauleute verworfen haben, er
ist zum Eckstein geworden" (Mk 12,10). Die normalen, billi-
geren Stadthäuser mussten mit dünnerem Gebälk auskommen.
Ihre Mauern bauten wir aus mit Stroh vermengtem Lehm.

Wie habt ihr diese Technik realisiert?

Der Lehm wurde mit Wasser und Stroh vermischt und geknetet, dann in Formen gepresst und anschließend in der Sonne getrocknet.

Mauern mit solchen luftgetrockneten Ziegeln mussten vor allem nach längeren Regenperioden öfters ausgebessert werden, da sie ja nicht die Stabilität von Backsteinen aufwiesen, die bei hohen Temperaturen in speziellen Öfen gebrannt wurden.

Wo hatten die Handwerker damals ihre Werkstätten?

Neben den mobilen Handwerkern wie Bauunternehmern oder Zeltmachern gab es auch solche, die ihre Produkte gleich in der Werkstatt verkauften. Diese zur Straße hin offenen Werkstätten säumten die Hauptstraßen der Städte, ähnlich den Läden der Kaufleute. An den Stadttoren saßen die Wollspinner, Buntwirker und Schneider, während die Gerber ihr Handwerk vor den Toren der Stadt ausüben mussten, da diese Arbeit als unrein galt.

In der Oberstadt waren hingegen die vornehmeren Handwerker zu Hause: Gold- und Silberschmiede und Salbenmischer. In der Unterstadt übten Töpfer und Schmiede ihr Handwerk aus.

Welche Werkzeuge hast du verwendet?

Die Axt diente uns zum Fällen der Bäume. Auch kannten wir schon die Säge zur Holzbearbeitung. Bretter erhielten wir durch das Spalten der Stämme mit Spaltkeilen. Die weitere Bearbeitung des Holzes erfolgte mit Beil, Dechsel, einer Art Beil-Hacke, Hobel, Bohrer und Stößel.

Kannst du uns noch etwas über die anderen Berufe sagen, zum Beispiel über Schmiede?

Dieses Handwerk hatten unsere Vorfahren von den Philistern gelernt, die ein Metallmonopol auf Erz und Eisen beanspruchten. Hergestellt wurden Ackergeräte wie der eiserne Dreschschlitten, Sicheln und Pflugscharen sowie Hacken und Beile. Am Amboss der Schmiede wurden aber auch Edelmetalle wie Kupfer, Silber und Gold für die heiligen Tempelgeräte verarbeitet.

Und wie geschah diese Metallverarbeitung?

Arbeiter brachten Rohmetall herbei. Andere traten auf Blasebälgen Luft ins Feuer, damit darin das Metall geschmolzen werden konnte. Dann goss man die flüssige Masse in Gussformen aus Stein für Äxte, Messer oder Speerspitzen. Bei der Herstellung von Schmuckgegenständen oder Amuletten wurde der jeweilige Gegenstand aus Wachs gebildet, dann mit Ton ummantelt und gebrannt. In der Hitze floss das Wachs aus, der Ton wurde fest, sodass eine Hohlform entstand, in die das flüssige Metall gegossen werden konnte. Nach Zerschlagen der Tonform erhielt man die Gussplastik.

Das Töpferhandwerk bestand ja wohl schon seit Urzeiten?

Das stimmt. Die Menschen haben es schon früh darin zu bemerkenswerten Fertigkeiten gebracht. Töpfer mischten in einem Becken Tonerde mit Wasser. Dann stampften sie diese so lange mit den Füßen, bis eine verarbeitungsfähige Masse entstand. Davon trennten sie einen Klumpen ab und setzten ihn auf eine obere Scheibe, auf der der Ton verarbeitet wurde. Die untere schwerere Scheibe diente dazu, das Drehmoment länger zu halten. Beide waren durch eine Achse miteinander verbunden. Gedreht wurde die Töpferscheibe entweder mit der Hand oder mit dem Fuß. Der geformte Krug oder Teller wurde in einem Ofen gebrannt und danach glasiert. Der größte Teil der Töpfererzeugnisse bestand aus Gebrauchsgegenständen für den Haushalt und Öllampen. Aber auch feine Keramik wie Figurinen für kultische Zwecke wurden produziert und oft über weite Entfernungen exportiert. Der Prophet Jesaja gebraucht das Töpferhandwerk als Bild für die Beziehung zwischen Gott und den Menschen: „Und doch bist du, Herr, unser Vater. Wir sind der Ton und du bist unser Töpfer, wir alle sind das Werk deiner Hände" (Jes 64,7).

Du sagtest vorhin, dass die Gerber ihr Handwerk außerhalb der Stadt ausüben mussten. Welchen Grund gab es dafür?

Um die frische Tierhaut haltbar zu machen, verwendeten die Gerber Exkremente. Und das stank natürlich fürchterlich. Deshalb waren die Gerber nicht angesehen. Andererseits erforderte die Lederverarbeitung viel Geschick. Die Gerber stellten aus der Tierhaut Leder und Felle her. Daraus produzierten sie außer Bekleidung auch Sandalen und Riemen, Gürtel und Schläuche für Milch und Wein. Den frommen Rabbinern, die sie verachteten, hielten die Gerber entgegen, Gott sei der erste Gerber gewesen; denn dem Buch Genesis zufolge machte er nach dem Sündenfall Adam und Eva „Röcke von Fellen" (vgl. Gen 3,21).

Hatte der arbeitende Mensch auch Anspruch auf Ruhezeiten?

Schon seit alters her galt jeder siebte Tag als Ruhetag. Das Arbeitsruhegebot schützte die Menschen vor Ausbeutung. Nach der im Dekalog geforderten Sabbatruhe arbeiteten grundsätzlich alle Mitglieder der Gesellschaft sechs Tage lang. Eine Aufteilung in eine arbeitende und eine nicht arbeitende Schicht wurde vermieden. Eine Zeit der Ruhe sollte es für alle geben. Während auf diese Weise die gesamte Bevölkerung demselben Rhythmus von Arbeit und Ruhe folgte, erwies sich der Sabbat als äußerst erfolgreiche Institution.

Die Synagoge – Haus des Gebetes und Treffpunkt der Gemeinde

Welche Funktion hatten die Synagogen in biblischer Zeit? Wann sind sie entstanden? Wie wurde dort Gottesdienst gefeiert? In Kafarnaum lebte zur Zeit Jesu ein Synagogenvorsteher mit Namen Jairus. Er vermag sicherlich auf all unsere Fragen eine zufriedenstellende Antwort zu geben.

Jairus, als Synagogenvorsteher in Kafarnaum kanntest du dich zweifelsohne in den Heiligen Schriften gut aus?

Als ich von Jesus hörte, von seiner Botschaft, seinen Heilungen und Hinweisen auf Gottes Reich und Herrschaft, da erinnerte ich mich an die Worte des Propheten Jesaja, der die Zukunft des Messias in Bildern ankündigte: Es sollen keine Kinder mehr da sein, die nur einige Tage leben, und Alte, die ihre Jahre nicht erfüllen (vgl. Jes 65,20). Als Jesus eines Tages nach Kafarnaum kam, lag gerade mein Töchterchen im Sterben. So griff ich in meiner Verzweiflung nach dem letzten Strohhalm und warf mich vor dem Mann aus Nazaret öffentlich auf die Knie nieder in der Hoffnung, dass die angekündigte Zeit jetzt angebrochen war und mein Kind von ihm geheilt werden konnte. Ohne eine Rückfrage ging er wortlos mit. Im gleichen Augenblick kamen Boten und überbrachten mir die schlechte Nachricht, meine Tochter sei schon gestorben. Also brauchte er nicht mehr mitzukommen.

In diesem Augenblick waren alle meine Hoffnungen gestorben. In dieser Enttäuschung ergriff Jesus zum ersten Mal das Wort: „Sei ohne Furcht; glaube nur, dann wird sie gerettet" (Lk 8,50). Dann nahm er mich an der Hand und ließ mich nicht mit gesenktem Haupt dastehen, ja, er riss mich mit sich durch seinen Blick auf Gott.

Die Totenklage war schon in vollem Gange, als wir am Haus ankamen. Jesus ließ sich davon nicht beirren. Er trat an das Totenbett, nahm mein Kind bei der Hand und sagt auf Aramäisch „Talita kum!" (Mk 5,41), indem er einen Kosenamen für Kinder gebrauchte: „Zicklein, steh auf!" Und das Unfassbare geschah: Meine Tochter schlug die Augen auf. Sie lebte wieder! Sie lief umher. Alle Anwesenden waren so entsetzt darüber, dass ihnen der Mund offen stehen blieb. Jesus musste mir und meiner Frau sogar das Nächstliegende sagen: „Das Kind hat nach seiner langen Krankheit Hunger. Gebt ihm zu essen!"

Seit diesem Ereignis konnte mir niemand mehr die Überzeugung aus dem Herzen reißen, dass mit Jesus wirklich das Reich Gottes angebrochen war. Natürlich war es nicht immer leicht für mich, weiterhin dass Amt des Synagogenvorstehers zu bekleiden, da die Gegner Jesu von nun an mich als seinen Anhänger auf Schritt und Tritt belauerten.

Synagogen waren wohl damals Zentren des jüdischen Gemeindelebens?

Ganz genau. Dort wurden Gottesdienste abgehalten. Außerdem galt die Synagoge als Ort der religiösen Unterweisung und kultureller Veranstaltungen. Der Begriff stammt aus dem Griechischen und bedeutet „Versammlung". Auch der hebräische Ausdruck „Beit Knesset" („Haus der Zusammenkunft") bedeutet das Gleiche.

Wann sind die Synagogen entstanden?

Nach der Zerstörung des Ersten Tempels, also in der Zeit der babylonischen Gefangenschaft um 597 bis 538 vor unserer Zeit. Synagogen waren „kleine Heiligtümer", dienten als Orte des Gottesdienstes und gehörten zum festen Bestandteil des jüdischen Lebens. Nach der Rückkehr aus dem Exil, als unser Volk den Tempel wieder aufbaute und dort auch den Opferkult organisierte, verloren Synagogen dennoch nicht an Gewicht. Die jüdische Religion war zu einer Religion des Buches geworden. Natürlich blieb der Zweite Tempel in Jerusalem weiterhin unser zentrales Heiligtum. Zur gleichen Zeit, während in Jerusalem die Opfer stattfanden, wurden aber in den Synagogen des Landes am Morgen und am Abend Gebete verrichtet.

Und wie habt ihr damals euren Synagogengottesdienst gefeiert?

Er bestand aus einer Sammlung von Tora-Abschnitten, Psalmen und Sprüchen. Der Vorbeter und ein weiteres Gemeindemitglied wechselten sich beim Vorlesen ab. Das „Schma Israel" („Höre Israel") als das jüdische Glaubensbekenntnis war das wichtigste Gebet dabei.

Wie lautete dieses Gebet?

„Höre, Israel! Jahwe, unser Gott, Jahwe ist einzig. Darum sollst du den Herrn, deinen Gott, lieben mit ganzem Herzen, mit ganzer Seele und mit ganzer Kraft. Diese Worte, auf die ich dich heute verpflichte, sollen auf deinem Herzen geschrieben stehen. Du sollst sie deinen Söhnen wiederholen. Du sollst von ihnen reden, wenn du zu Hause sitzt und wenn du auf der Straße gehst, wenn du dich schlafen legst und wenn du aufstehst. Du sollst sie als Zeichen um das Handgelenk binden. Sie sollen zum Schmuck auf deiner Stirn werden. Du sollst sie auf die Türpfosten deines Hauses und in deine Stadttore schreiben" (Dtn 6,4–9).

Welche Aufgaben hattest du als Synagogenvorsteher?

Während der Tempel von den Priestern verwaltet wurde, standen die Synagogen unter der Aufsicht von uns Laien. Jede Synagoge hatte wenigstens einen Vorsteher und einen Wärter, der die Gesetzesrollen in Obhut hielt. Mir oblag die Aufgabe, die Gottesdienste zu leiten, für Ordnung zu sorgen und die Gemeinde anzuleiten, sich beim Gebet nach Jerusalem zu wenden. An den Sabbaten und Festtagen ließ ich in einem Dreijahreszyklus regelmäßig aus dem Gesetz und den Propheten vorlesen. Die Tora-Lesung erfolgte von einem Pult aus. Dieses befand sich auf einem erhöhten Platz, hebräisch „Bima" genannt, meist in der Mitte des Raumes. Darauf folgte eine Predigt. Gehalten wurde sie von einem Schriftgelehrten oder einem dazu befähigten Laien. Jeder Mann konnte zur Lesung aufgerufen werden, was für den Betreffenden eine große Ehre bedeutete. Natürlich ließ ich mir diese Gelegenheit nicht entgehen und bat Jesus manchmal, in unserer Synagoge seine Lehre vom angebrochenen Reich der Gnaden den Menschen von Kafarnaum näherzubringen.

Beteten Männer und Frauen gemeinsam?

Gemäß der traditionellen Vorstellung saßen Männer und Frauen getrennt von einander. Der Platz der Frauen befand sich bei uns auf einer Empore.

Hattet ihr in Kafarnaum auch ein „Beit Midrasch", ein jüdisches Lehrhaus?

Ja. Dieser Gebäudeteil diente dem Studium der Tora nicht nur für zukünftige Geistliche, sondern auch für gewöhnliche Gläubige. Auf diese Weise konnten alle wenigstens Teile der Bibel auswendig lernen. Unter der Woche führten dort die Schriftgelehrten junge Leute in den Sinn der Schrift ein. Im „Beit Midrasch" fanden auch festliche Veranstaltungen wie beispielsweise Hochzeitsfeiern statt. Hier versammelte sich der örtliche Sanhedrin, der Hohe Rat, um Recht zu sprechen, Prozesse zu führen und Strafen zu vollziehen (vgl. Mt 10,17).

Wie war eine Synagoge eingerichtet?

Die Tora-Rollen wurden entweder freistehend oder in der Apsis im „Aron Kodesch" (wörtlich „heilige Lade") hinter einem Vorhang aufbewahrt. Meist führten Stufen hinauf.

Gottesdienste fanden jeweils morgens, mittags und abends statt, wozu mindestens zehn religionsmündige Männer notwendig waren. Außerdem sollte die Synagoge am höchsten Punkt eines Ortes stehen und musste nach Jerusalem ausgerichtet sein. In der Nähe der „heiligen Lade" befand sich der „Stuhl des Mose", der Lehrstuhl in der Synagoge, nach dem sich manche Schriftgelehrten und Pharisäer so gerne ausstreckten (Mt 23,6).

Gab es architektonisch gesehen verschiedene Synagogen-Bauarten?

Ja. Unser Bethaus als rechteckige Halle in Kafarnaum galt als typisch für Galiläa. Normalerweise war die Fassade des Gebäudes nach Jerusalem ausgerichtet. Da dies bei uns aus topografischen Gründen nicht möglich war, wurde der rollende Tora-Schrein im Innern des Raumes vor das große Mittelportal gestellt. So wandten die Gläubigen, die auf den Steinsitzen an den Längswänden Platz genommen hatten, automatisch ihre Blicke in Richtung Jerusalem.

Die Schriftrollen wurden in einem Nebenraum, der sogenannten „Genizah", aufbewahrt und nur zum Gottesdienst hereingebracht. In diesem Raum befanden sich auch die nicht mehr lesbaren Tora-Rollen oder andere Texte, die man nicht mehr benutzte, denn Schriften, die das Tetragramm Jahwe oder andere Gottesnamen enthielten, durften nicht einfach weggeworfen werden.

Eine Treppe in einem turmartigen Anbau führte bei uns zur Frauenempore, die oberhalb des Säulenumgangs lag.

Der Breithaustyp war die zweite Synagogenart. Der Eingang lag hier an einer der beiden Schmalseiten des Gebäudes und die nach Jerusalem zugewandte Längsseite erhielt eine Apsis oder Nische als ständigen Platz für den Tora-Schrein.

Die dritte Form wies einen Basilikengrundriss auf. Man gelangte durch eine Vorhalle oder ein Atrium in den Hauptraum. Dieser war durch zwei Säulenreihen in drei Schiffe geteilt. Die Steinbänke für die Beter befanden sich an den Seitenwänden. Die nach Jerusalem ausgerichtete Schmalseite lag dem Eingang gegenüber und hatte die Form einer Apsis, die den Tora-Schrein enthielt.

Wie wurde damals der Bau einer Synagoge finanziert?

Oft durch allgemeine Beiträge und Spenden. Hin und wieder stiftete ein reicher Jude eine Synagoge. Bei uns war es sogar ein Nichtjude, nämlich der Hauptmann von Kafarnaum (vgl. Lk 7,5).

Wer war dieser Hauptmann?

Als Centurio war er ein Offizier, der über einhundert Soldaten zu befehlen hatte. In der Regel wurden lang gediente und zuverlässige Soldaten zu einem solchen Grad befördert. Kafarnaum war ein Grenzort, an dem Herodes Antipas eine Söldnertruppe stationieren ließ. Ob dieser Centurio an der Nordgrenze vielleicht ein Syrer oder Grieche war, kann ich dir nicht mit Genauigkeit sagen. Auf jeden Fall stand in Kafarnaum eine Truppe unter seinem Befehl. Äußerlich gesehen war er ein Offizier wie viele andere zu dieser Zeit und doch verhielt er sich anders.

Was war denn an ihm so außergewöhnlich?

Einmal seine innere Nähe und Sympathie zum jüdischen Glauben an den einen Gott. Deshalb ließ er ja auch in unserer Gemeinde die Synagoge erbauen. Das gibt dir bereits einen Einblick in seine Grundhaltung. Er war ein sogenannter „Gottesfürchtiger". Und doch stand er unserem Glauben nicht so nahe, dass er den Übertritt zum Judentum und die Beschneidung mit allen Konsequenzen gewagt hätte.

Zum Zweiten war seine Haltung gegenüber seinem Sklaven sehr außergewöhnlich. In unserer damaligen griechisch-römischen Welt wurden Sklaven wie Sachen eingeschätzt.

Dieser Centurio behandelte aber seinen Sklaven wie jemanden, der ihm nahestand: menschlich, herzlich, ja sogar fürsorglich, sodass er Jesus bat, ihn gesund zu machen. Und Jesus erfüllte nicht nur seine Bitte, er hob zweimal ausdrücklich seinen Glauben hervor. (vgl. Mt 8,5–13).

Konnte man auch aus der Synagoge ausgeschlossen werden?

Ja. Und das galt als jüdische Exkommunikation. Jesus lehrte seine Jünger, dass dies auch in ihrem Fall erzwungen werden könnte (vgl. Joh 9,22.16,2). Der einzige damals mir bekannte Fall war der des blind geborenen Mannes, als er Zeugnis von Jesus gab. Eigentlich ein glücklicher Tausch für ihn, denn Jesus offenbarte sich ihm daraufhin als der Sohn Gottes (vgl. Joh 9,34–38). Von anderen Leuten hatte ich unter vorgehaltener Hand erfahren, dass sie zwar auch an Jesus als den Messias glaubten, aber Angst hatten, sich zu ihm zu bekennen, damit sie nicht aus der Synagoge ausgeschlossen wurden, denn sie liebten die Ehre bei den Menschen mehr als die Ehre bei Gott (Joh 12,42–43).

Das Gebet – das persönliche Passwort zu Gott

Wie betete der Mensch in biblischer Zeit? Welchen Stellenwert besaßen die Psalmen in seiner Beziehung zu Gott? Wie war die Gottesvorstellung, die er in seinem Herzen trug? Bevorzugten die Menschen mehr das gemeinschaftliche oder das persönliche Gebet? Wie wurde im Tempel gebetet? Fragen wir doch einmal Zacharias, der regelmäßig als Priester im Jerusalemer Tempel tätig war.

Zacharias, gemäß der biblischen Erzählung im Neuen Testament warst du mit Elisabet verheiratet und Vater Johannes' des Täufers. Während deines Opferdienstes im Tempel wurde dir die Geburt deines Sohnes durch einen Engel angekündigt (Lk 1,5–25.39–79). Warum hast du dem göttlichen Boten nicht geglaubt im Gegensatz zu Maria aus Nazaret, die nur um Klarheit bat, da sie keinen Mann für ihre angekündigte Schwangerschaft erkannte? Du aber wolltest ein handgreifliches Zeichen als Beweis für die Echtheit der überirdischen Zusage?

Meine Frau und ich hatten die Wechseljahre schon lange hinter uns. Jetzt sollte ich als alter Mann noch einen Sohn bekommen. Eigentlich undenkbar.

Du bekamst ja anschließend in der Tat einen handgreiflichen Beweis.

Und ob. Es verschlug mir im wahrsten Sinn des Wortes die Sprache. Erst bei der Geburt des Johannes, genauer gesagt, als ich selbst den Namen Johannes, den mir der Engel genannt hatte, schriftlich verfügte, zerriss das Band, das meine Zunge bis dahin gefesselt hatte. Endlich konnte ich wieder sprechen und den Hymnus „Gepriesen sei der Herr, der Gott Israels!" (Lk 1,68) anstimmen in dem Bewusstsein, dass dieser mein Sohn kein gewöhnlicher Mensch sein würde, denn er sollte dem Erlöser den Weg bereiten (vgl. Mt 3,3).

Dein Lobgesang, das „Benedictus", war ja ein einziges Danklied.

Ich hatte ja Grund genug dazu.

Kannst du uns etwas Näheres über diese Gebetsform sagen?

In solchen hymnischen Texten sprachen wir oft über Gott, also nicht direkt zu ihm. Damit bekam unser Lob einen beschreibenden und erzählenden Charakter, so wie auch ich damals die Großtaten Gottes lobte. Solche bekenntnisartigen Hymnen zum Schöpfer waren gleichzeitig auch eine Ausdrucksform der Selbstvergewisserung, wobei die Gotteserfahrungen bereits eine Basis des Vertrauens geschaffen hatte, in meinem Fall die Begegnung mit dem Engel. In der Erinnerung an die früheren Heilstaten Gottes schöpften wir Zuversicht für die Zukunft.

War euer Beten nicht speziell von Segenssprüchen geprägt?

Du meinst den „Berakoth". In der Tat bezeichnete der Begriff „Brachot" einen Vorgang, der zwei Bedeutungen beinhaltete: Preisen und Segnen. Dahinter steckte die starke Glaubenserfahrung, dass Gott mit seinem Segen unserem Tun stets zuvorkommt. Indem wir ihn im Voraus priesen, wussten wir uns bereits von ihm gesegnet.

Habt ihr in Bezug auf die direkte Gottesanrede nicht eine starke Zurückhaltung geübt?

Das stimmt. Schon die Hohenpriester im Tempel von Jerusalem sprachen den Gottesnamen nur bei besonderen Anlässen aus. Deshalb gebrauchte man die häufige Segensformel „Baruch Ata Adonai". Dies war eine Art Umschreibung des unaussprechlichen Gottesnamens JHWH. Dieses geheimnisvolle Tetragramm ging auf Exodus 3,15 zurück.

Was bedeutete für den damaligen Menschen das Gebet in seinem tiefsten Sinn?

Gebet war für uns ein Vorgang, mit dem man sich an Gott wandte: Gott suchte, pries und bat. In diesem Sinn wurde das Beten als eine Kommunikation mit dem Allerhöchsten verstanden, den man in schwierigen Lebenssituationen erfahren durfte, der an uns Großes getan, uns bewahrt und errettet hatte. Von Gott, der uns zuhörte, erwarteten wir Antwort, Weisung, Trost, Ermahnung oder auch Rettung. Im Gebet ließen wir uns gleichsam zu ihm hintragen, der uns dabei nahekam.

Übtet ihr bestimmte Gebetsformen aus?

Es gab Gebete als eine fest vorgegebene Disziplin in einer regelmäßigen Gebetspraxis. Diese hatten einen inhaltlich-formalen, klaren, schematischen Aufbau und wurden in der Art vorformulierter Bekenntnisse rezitiert. Solche Gebete erforderten, um lebendig zu bleiben, Gemeinschaft und Wiederholung, sowohl inhaltlich als auch in einem regelmäßig stattfindenden Geschehen. Das Gebet in Gemeinschaft sollte auf jeden Fall dem Gebet des Einzelnen vorausgehen, wie es beispielsweise im Buch Numeri 20,16 heißt: „Da haben wir zum Herrn geschrien und er hat uns gehört." Außerdem übten wir das persönliche Herzensgebet als einen spontanen Ausbruch der Gefühle in einer ganz bestimmten Situation aus.

Aber immer haben wir das Beten als ein Geschenk und Vorrecht des von Gott begünstigten Menschen verstanden. Die Überzeugung, dass das Gebet im Geist Gottes geschah, schloss gleichzeitig die Gewissheit der Erhörung mit ein.

Wie und wo habt ihr gebetet?

Unser Beten war oft mit Gesten und Handlungen verbunden, wobei wir aufrecht standen oder knieten. Die Gebete waren nicht wie die Opfer an heilige Orte gebunden. Sie konnten im Alltag bei jeder Beschäftigung verrichtet werden, jederzeit und überall.

Wie habt ihr beim Gebet die Gegenwart Gottes erlebt?

Im Sinne der „Brachot". Dieser kurzer Lobpreis Gottes durchzog unser ganzes Gebetsleben vom Morgen bis zum Abend, von der privat-häuslichen Atmosphäre bis zur Synagogenversammlung. Durch die „Brachot" sollte die Gegenwart Gottes im Leben des Einzelnen und der Gemeinschaft ständig bewusst gemacht werden.

Das Morgengebet war inhaltlich bestimmt vom Neubeginn des Lebens, von der Schöpfung und Erneuerung des

Sinai-Bundes. Im Abendgebet gedachten wir des Pessach-Ereignisses, der Befreiung aus der Sklaverei, und des Ausblicks auf die messianische Endzeit. Das „Kaddisch"-Gebet war Ausdruck einer an Gott gerichteten Lobpreisung und Proklamation der Hoffnung auf sein kommendes Reich.

Wie habt ihr damals die Beziehung zwischen Bitten und Schuldvergebung gesehen?

Wir gingen von der Überzeugung aus, dass Gebete den Menschen auch ein Stück weit von seiner Schuld entlasteten, ja seine Sünden zudeckten. Wir wussten: Zwischen Bitte, Anerkennung durch Gott und Bewahrung vor Unheil bestand ein innerer Zusammenhang. Das Gebet war ja letztlich ein Gottesgeschenk. Darum hatte der Herr es auch schon erhört. Schuldentlastung betrachteten wir als die Wiederherstellung einer Gemeinschaft mit Gott, die nicht einseitig durch Übertretung der Gebote vom Menschen her zerstört werden durfte.

Gab es auch eine rituelle Einbindung des Betens mit Bezug zum Tempelkult?

All das, was im Tempel geschah, bezeichneten wir mit dem hebräischen Begriff „Avodah" („Werk des Heiligen"), also Dienst im religiösen Bereich.

Die aaronitischen Segensworte sprachen Priester jeden Morgen und gegen Abend unmittelbar vor der Darbringung des Ganzopfers: „Der Herr segne dich und behüte dich. Der Herr lasse sein Angesicht über dich leuchten und sei dir gnädig. Der Herr wende sein Angesicht dir zu und schenke dir Heil" (Num 6,24–26).

Dabei standen die Priester auf den Stufen der Vorhalle zum Tempel und zum versammelten Volk gewandt. Jedoch war nach der Exilzeit nicht mehr das Tempelpersonal Träger der Gebetspraxis, sondern es waren die Armen, Bedürftigen und Notleidenden aus dem Volk. Dieses soziale Herkunftsmilieu machten zahlreiche Psalmtexte deutlich. Da solche Gebete in der Ich-Form gesprochen und aufgeschrieben wurden, drückten sie ein kollektives soziales Empfinden der Menschen mit den konkreten Fragen der Lebensbewältigung vor Gott aus. In unserer Zeit des Zweiten Tempels gab es „Standmannschaften" aus betenden Laien der vierundzwanzig Bezirke des Landes. Diese wurden abwechselnd für eine Woche im Halbjahr nach Jerusalem delegiert. Dort beobachteten sie als betende Laienrepräsentanten das Tempelgeschehen und respondierten auch auf die dortigen Gesänge.

Ihr habt ja auch die Psalmen gebetet. Wurden diese einer bestimmten Gattung von Gebeten zugeordnet?

Ja. Die Psalmen zeigten den Charakter von Erzählungen, Lobpreisungen, Klagen, Bitten und Feststellungen aus der Alltagserfahrung. Natürlich sollten sie uns auch zum persönlichen Beten anleiten. Ihr hebräischer Name lautete „Sefer T'hillim" („Buch der Preisungen").

Wo hatten die Psalmen letztlich ihre Wurzeln?

Durch den Verlust des Kultes als Ordnungserfahrung des Verhältnisses zwischen Gott, Mensch und Welt nach dem Exil eröffneten sich neue Wege der Krisenbewältigung. So wurden die Psalmen als Unterweisung für das innere Gleichgewicht in diesem nachkultischen Bereich verstanden, denn die Vergewisserung des Heils war für den einzelnen Menschen und die Gemeinschaft des Volkes sehr wichtig. In diesem Sinne leisteten die Psalmen geradezu einen seelsorgerlich wichtigen Beitrag für die Zukunftshoffnungen.

So war also der Psalter vorwiegend das Buch der Armen und Gottesfürchtigen?

Ja. Sie konnten ihre Probleme und Spannungen in der Lebensbewältigung dort wiederfinden. Wie die Psalmisten, so hielten diese Menschen Ausschau nach einem gnädigen Gott, der Nöte behob, Verheißungen erfüllte und vor Feinden rettete. Dabei wurde oft vorausgesetzt, dass die ganze Erde erfüllt sei von der Treue Gottes.

Deuten die vielen Klage- und Bittpsalmen auf die von dir erwähnte Krisenbewältigung hin?

Genau. Nach einer einleitenden Bitte erfolgte der eigentliche Klageteil, der in verschiedenen Schwerpunkten der Lebens- und Gemeinschaftserfahrung ausgebreitet wurde. Daran schloss sich das Bekenntnis einer neuen Zuversicht an. Eine weitere Bitte, oft formuliert als Doppelwunsch im Hinblick auf die Bedrohungen und das eigene Wohl, mündete dann in ein Lobgelübde. Manchmal glaubte der Beter, er müsste Gott an seinen Treuebund erinnern, wenn er hinausschrie: „Wie lange noch, Herr, vergisst du mich ganz? Wie lange noch verbirgst du dein Gesicht vor mir?" (Ps 13,2). Doch im Grunde seines Herzens wusste er: Gott ist da. Aber er wollte sich seiner vergewissern, seine Nähe und seine rettende Hand spüren. Durch diese Erinnerung Gottes wollte er sich selbst Mut zusprechen, um den eigenen Kleinglauben zu besiegen.

Oliven und die anderen sechs Früchte des Heiligen Landes

Eines der Grundnahrungsmittel in biblischer Zeit war die Olive. Nicht umsonst nannte man den Osthügel der Stadt Jerusalem Ölberg. Dort unten beim Kidrontal hatte Jesus im Garten Getsemani kurz vor seiner Verhaftung Todesangst gelitten. Der Name „Getsemani" bedeutet soviel wie „Ölmühle". Der Evangelist Markus berichtete als Einziger von einem jungen Mann, der nur mit einem Leinentuch bekleidet war und bei der Festnahme Jesu von den Männern des Hohenpriesters gepackt wurde (vgl. Mk 14,51). Vor Angst ließ er sein Betttuch fallen und rannte nackt davon. Vielleicht war sogar Markus selbst dieser junge Bursche. Fragen wir ihn einfach danach.

Markus, nach der Apostelgeschichte nannte man dich auch Johannes Markus, den Sohn einer in Jerusalem lebenden Jesus Anhängerin Maria (vgl. Apg 12,12). Eure Familie besaß wohl in Getsemani ein Gehöft für Ölproduktion?

Das stimmt. Dazu gehörte auch eine Grotte mit einer Ölpresse. Das Wasser wurde vom Dach der Höhle aufgefangen und durch einen Felsenkanal in die dortige Zisterne geleitet. Als Jesus-Freunde stellten wir die Grotte ihm und seinen Jüngern zur Verfügung, zumal unsere religiösen Führer ihn ja steckbrieflich suchen ließen. Nur seine Freunde kannten das Versteck, unter ihnen auch der Verräter Judas.

Hieltest du dich während der Verhaftung Jesu auf eurem Anwesen auf?

Ja. Und ich muss mit Beschämung zugeben, dass ich der junge Mann war, der bei dem Tumult in der Grotte aus dem ersten Schlummer jäh erwachte. Als ich nachsehen wollte, was da los war, fassten grobe Hände nach mir und wollten mich fortschleppen. In panischer Angst ließ ich mein Betttuch fallen und spurtete wie von der Tarantel gestochen davon.

Inzwischen weißt du ja, dass der Herr dir deine Schwäche in seiner großen Barmherzigkeit längst vergeben hat. Petrus bezeichnete dich sogar als seinen geistlichen Sohn (vgl. 1 Petr 5,13). Simon war es auch, der nach seiner wunderbaren Befreiung aus den Händen des Herodes das Haus deiner Mutter aufsuchte, „wo nicht wenige versammelt waren und beteten" (Apg 12,12). Du durftest Paulus und Barnabas nach Antiochia begleiten. Aber jetzt noch einmal zurück zu eurer Ölpresse in der Grotte von Getsemani. Warum war die Olive in eurer Zeit ein solch hochgeschätztes Produkt?

Der Ölbaum galt als eine der ältesten Kulturpflanzen überhaupt. In unserer Zeit war das „flüssige Gold" der Olive zusammen mit Getreide und Wein das drittwichtigste Produkt des Landes. Oliven dienten vor allem als Nahrungsmittel. Da die frischen Früchte sehr bitter schmeckten, legten wir sie in Salzwasser ein und aßen sie zu Brot und Käse. Auch zum Brotbacken verwendeten wir Olivenöl, wie es in der Geschichte des Propheten Elija und der Witwe von Sarepta deutlich wird: „Da erging das Wort des Herrn an Elija: Mach dich auf und geh nach Sarepta, das zu Sidon gehört, und bleib dort! Ich habe dort einer Witwe befohlen, dich zu versorgen. Er machte sich auf und ging nach Sarepta. Als er an das Stadttor kam, traf er dort eine Witwe, die Holz auflas. Er bat sie: Bring mir in einem Gefäß ein wenig Wasser zum Trinken! Als sie wegging, um es zu holen, rief er ihr nach: Bring mir auch einen Bissen Brot mit! Doch sie sagte: So wahr der Herr, dein Gott, lebt: Ich habe nichts mehr vorrätig als eine Hand voll Mehl im Topf und ein wenig Öl im Krug. Ich lese hier ein paar Stücke Holz auf und gehe dann heim, um für mich und meinen Sohn etwas zuzubereiten. Das wollen wir noch essen und dann sterben. Elija entgegnete ihr: Fürchte dich nicht! Geh heim und tu, was du gesagt hast. Nur mache zuerst für mich ein kleines Gebäck und bring es zu mir heraus! Danach kannst du für dich und deinen Sohn etwas zubereiten; denn so spricht der Herr, der Gott Israels: Der Mehltopf wird nicht leer werden und der Ölkrug nicht versiegen bis zu dem Tag, an dem der Herr wieder Regen auf den Erdboden sendet. Sie ging und tat, was Elija gesagt hatte. So hatte sie mit ihm und ihrem Sohn viele Tage zu essen. Der Mehltopf wurde nicht leer und der Ölkrug versiegte nicht, wie der Herr durch Elija versprochen hatte" (1 Kön 17,8–16).

Zum Frühstück haben wir in unserer Familie oft Brotfladen in Olivenöl und gemahlene Hysopblätter getaucht und zusammen mit Zwiebeln oder Knoblauch als „Kraftnahrung" gegessen.

Aber auch als Brennstoff für die Lampen, als Medizin und Balsam, als Lösungsmittel von Duft- und Aromastoffen fand das Olivenöl bei uns Verwendung. Das fein gemaserte Holz des Ölbaumes diente zur Herstellung von Ornamenten und Haushaltsartikeln. Wer sich unter dem Schutz Gottes wusste, verglich sich gern mit einem Olivenbaum (vgl. Ps 52,10). Im

Kultus unseres Volkes hatte die Salbung mit Öl einen symbo-
lisch-sakramentalen Charakter und führte den Menschen in
die göttliche Sphäre ein. Es wurde ihm gleichsam von Gott
eine besondere Autorität übertragen, die ihn für einen gehei-
ligten Dienst aus der Masse des Volkes heraushob. Deshalb
wurden Priester, Propheten und Könige durch Salbung in ihr
Amt eingesetzt. Unsere Apostel salbten Kranke mit Öl und
heilten sie, wie du in meinem Evangelium im 6. Kapitel, Vers
13, nachlesen kannst.

Wie wurde das Olivenöl gewonnen?

Der einfache Herstellungsprozess war seit Jahrtausenden immer der gleiche geblieben. Zunächst schlugen wir die Oliven
vom Baum und sammelten sie auf Tüchern ein. Anschließend brachten wir die Früchte in die Ölpresse. Darin wurden
sie samt den Kernen zerquetscht. Die Flüssigkeit trennten wir
vom Fruchtfleisch und entfernten danach das Wasser. Und
schon war der Olivensaft fertig.

*Zählte die Olive nicht auch zu den sieben Früchten, mit denen
das Heilige Land gesegnet war (vgl. Dtn 8,8)?*

Richtig. Ein Ölzweig im Schnabel der Taube brachte für
Noah die erlösende Nachricht vom Ende der Flut. Seither ist
der Zweig des Ölbaumes ein Symbol für Frieden, für neues
Leben und Hoffnung (vgl. Gen 8,11). Das bestätigt auch
Psalm 128,3, in dem es heißt: „Wie junge Ölbäume sind dei-
ne Kinder rings um deinen Tisch."

*Der Granatapfel zählte doch auch zu den sieben biblischen
Früchten oder nicht?*

Ja natürlich, wie es schon im Buch Deuteronomium, Kapitel 8, Vers 8, steht. Den Granatapfelbaum haben unsere Vorväter schon seit Hunderten von Jahren als Obstbaum angepflanzt, auch wenn er nicht unbedingt zu den Hauptnahrungsmitteln zählte. Wir verwendeten ihn auch als Ziergehölz wegen der auffällig schön geformten Blüten, denn ihre Kelchblätter erinnerten an eine Krone.

Wozu habt ihr den Granatapfel noch verarbeitet?

Die Fruchtschale lieferte einen Farbstoff zum Rotfärben des Leders. Die Stammrinde diente zu Heilzwecken und zur Herstellung von Tinte.

Hatte der Granatapfel auch eine symbolische Bedeutung?

Wegen seines Samenreichtums galt er als das Zeichen für Fruchtbarkeit, Schönheit, Liebe und Einheit. In der Bildersprache des Hohenliedes wird dem Granatapfel in zahlreichen Umschreibungen das eine oder andere Loblied gesungen und seine Form mit der Schönheit einer Frau verglichen: „Rote Bänder sind deine Lippen; lieblich ist dein Mund. Dem Riss eines Granatapfels gleicht deine Schläfe hinter dem Schleier" (Hld 4,3). Sein köstlicher roter Saft war der Nektar der Liebenden und der Duft seiner vielen Blüten galt als der Inbegriff des erwachenden Frühlings in seiner Lieblichkeit. Die kostbaren Alabaster-Kultvasen im Salomonischen Tempel hatten die Form eines Grantapfels. Nach Form und Gestalt des Granatapfels hatte man die goldenen Glocken, die den Tempel schmückten, gebildet, auch das Mobiliar, Stickereien, Säulenkapitelle, selbst die Priestergewänder waren damit verziert (vgl. Ex 28,33–34).

Galt nicht die Dattelpalme als die dritte biblische Frucht?

Ja. Als Wüstenpflanze war sie der wichtigste Nahrungs- und Rohstofflieferant für die Wüstenvölker damals. Die Stämme nutzten wir für Bauholz und Zäune. Die Fasern verarbeiteten wir zu Seilen. Aus den Blättern flochten wir Matten und Körbe oder wir verfütterten sie an das Vieh. Die großen Blattwedel verwendeten wir auch zum Dachdecken und bei Festen zur Dekoration. Wo immer wir in der Wüste Palmen stehen sahen, wussten wir: Dort findet sich auch Wasser. Von daher wurde die Palme das Sinnbild für das Weiterleben in einer trostlosen und schrecklichen Zeit. In Richter 4,5 saß Debora unter einer Dattelpalme. Deshalb galt der Baum als Symbol für Aufrichtigkeit, Gerechtigkeit und Rechtschaffenheit. Das Hohelied der Liebe preist die Palme als Sinnbild für Eleganz und Grazie (vgl. Hld 7,7–8). Beim Einzug unseres Herrn nach Jerusalem im Jahr 33 als Friedenskönig auf einem Eselsfüllen, ohne Pferd und Streitwagen, hatten die Menschen Palmzweige ausgebreitet und ihn mit den Worten empfangen: „Hosanna! Gesegnet sei er, der kommt im Namen des Herrn!" (Mk 11,9). Seitdem wurde der Palmzweig für uns Jesus-Freunde natürlich zu einem Symbol des Sieges über alle todbringenden Mächte.

Wie habt ihr die Dattel damals konsumiert?

Entweder wurden sie frisch gegessen oder zur Konservierung getrocknet. Manche Leute pressten sie zu Sirup, dem sogenannten Dattelhonig, oder sie gewannen aus dem Saft Palmwein.

Stichwort Wein. In Psalm 104,15 ist davon die Rede, dass der Wein das Herz des Menschen erfreuen soll. Gehörte die Weintraube auch zu den Früchten des Heiligen Landes?

Ja auch. In der Tat galt die Traube als Symbol für die Freude. Der Wein half gegen Traurigkeit (vgl. Jer 16,7; Sach 10,7; Koh 2,3) und ließ die Sorgen vergessen (vgl. Spr 31,6f). Seit den ersten Anfängen der Menschheitsgeschichte wurden in unserer Region Reben angebaut und ihre Früchte verwertet. Schon das Buch Genesis spricht davon, dass Noah, der Ackermann war, als Erster einen Weinberg pflanzte, nachdem er mit seiner Familie nach der Sintflut wieder Fuß gefasst hatte (vgl. Gen 9,20). Der hohe Wissensstand des Weinbaus war ja schon bei den Kanaanäern bekannt, denn als Moses Spione ausschickte, die das Land erkunden sollten, „(…) kamen sie mit einer Weintraube zurück und trugen sie zu zweit an einer Stange" (Num 13,23).

In meiner Familie setzten wir Wein, das kostbarste aller Getränke, vornehmen Gästen vor. Schon Melchisedek, der König von Salem, war Abraham entgegengegangen und hatte ihm Brot und Wein angeboten (vgl. Gen 14,18).

Dann musste ja die Weinlese bei euch alljährlich ein Fest der Freude und Dankbarkeit gewesen sein?

Natürlich! Die jungen Menschen gingen in die Weingärten, wie es Brauch war und die Mädchen hielten dort nach ihren zukünftigen Männern Ausschau. Dies alles war mit Musik und Tanz verbunden. Darüber hinaus betrachteten wir die Weinrebe auch als Symbol für den Segen, der auf dem Land lag, wie es schon im Buch Genesis heißt: „Er bindet am Weinstock sein Reittier fest, seinen Esel am Rebstock.

Er wäscht in Wein sein Kleid, in Traubenblut sein Gewand." (Gen 49,11).

Wie habt ihr die Trauben, die es im Überfluss gab, genossen?

Sie wurden nicht nur zu Wein verarbeitet, sondern auch frisch oder getrocknet gegessen. Weinberge zu besitzen bedeutete Reichtum und Segen. Guter Wein prägte die festlichen Anlässe wie Hochzeiten. Auch bei kultischen Handlungen spielte Wein eine große Rolle, zum Beispiel als Trankopfer im Tempel.

So wurde die Traube wohl so etwas wie ein Nationalsymbol eures Volkes?

Nicht umsonst befand sich über dem Eingang des Herodianischen Tempels in Jerusalem eine goldene Weintraube. Der Weinberg galt sogar als Symbol für die Himmel und Erde verbindende Liebe Gottes. In Psalm 80 wurde unser Volk als der aus Ägypten entwurzelte riesige Weinstock beschrieben, den der himmlische Weingärtner liebevoll wieder einpflanzte: „Du hobst in Ägypten einen Weinstock aus, du hast Völker vertrieben, ihn aber eingepflanzt. Du schufst ihm weiten Raum; er hat Wurzeln geschlagen und das ganze Land erfüllt. Sein Schatten bedeckte die Berge, seine Zweige die Zedern Gottes. Seine Ranken trieb er bis hin zum Meer und seine Schößlinge bis zum Eufrat" (Ps 80,9–12). Der Prophet Amos beschrieb die Rebe als Abbild für die künftige Verheißung und Gnade Gottes (vgl. Am 9,13). Der Prophet Jesaja jedoch trauerte über den verwüsteten Weinberg Gottes: „Verschwunden sind Freude und Jubelgeschrei aus dem fruchtbaren Land; in den Weinbergen jauchzt man nicht mehr und jubelt nicht mehr. Niemand stampft mehr in der Kelter die Trauben. Verstummt ist das Jauchzen." (Jes 16,10).

Unser Herr Jesus verglich das Kommen des Gottesreiches mit der Arbeit im Weinberg (vgl. Mt 20,1–16). Weinstock und Rebe wurden schließlich zum Sinnbild für ihn und seine Gemeinde: „Ich bin der Weinstock, ihr seid die Reben. Wer in mir bleibt und in wem ich bleibe, der bringt reiche Frucht; denn getrennt von mir könnt ihr nichts vollbringen" (Joh 15,5). Eine sehr tiefe Bedeutung erhielt der Wein zusammen mit dem Brot im Abendmahlsaal: Weintraube und Ähre als sichtbare Zeichen für das Blut und den Leib Christi.

Wie habt ihr damals Wein produziert?

Wenn in den Monaten August und September die Trauben geerntet wurden, brachten wir die Früchte anschließend zu einer meist in der Nähe des Weinbergs befindlichen Kelter. Die Anlage bestand aus zwei durch eine Öffnung miteinander verbundenen Becken. In dem einen wurden die Trauben von den Arbeitern zertreten. In das zweite Becken floss dann der gepresste Traubensaft. Zur Gärung füllten die Winzer den Saft in Tonkrüge oder Schläuche. Am Ende dieses Prozesses goss man den fertigen Wein zur Lagerung in andere Gefäße um. Dabei wurde die Hefe, die sich bei der Gärung abgelagert hatte und dem Wein einen ungewollten Beigeschmack verlieh, entfernt (vgl. Ps 75,9). Für den königlichen Bedarf und für den Tempel gab es natürlich große Weinlager.

Kanntet ihr auch schon verschiedene Weinsorten?

In unserer Zeit war nur Rotwein bekannt (vgl. Gen 49,11f; Dtn 32,14; Jes 63,2; Spr 23,31). Andererseits bezeichneten wir den Wein nach seiner Herkunft, so beispielsweise Wein aus dem Libanon (vgl. Hos 14,8) oder aus En-Gedi (vgl. Hld 1,14). Neben Wein aus Trauben stellten wir auch alkoholische Getränke, wie Wein aus Granatäpfeln (vgl. Hld 8,2), aus Rosinen oder Datteln, her. Bekannt war auch Mischwein (vgl. Spr 9,5). Diesem fügten wir zur Geschmacksveredelung Gewürze, Honig oder Sultaninen bei.

Wie stand es mit dem Getreide?

Als Früchte des Heiligen Landes zählte man zwei dazu: Gerste und Weizen. Reife Ähren galten nicht nur als Symbol des Segens, sondern waren auch ein Bild für den von Gott geschenkten Reichtum, wie es schon im Buch Genesis deutlich wird: „Isaak säte in diesem Land und er erntete in diesem Jahr hundertfältig. Der Herr segnete ihn" (Gen 26,12). Psalm 147 bestätigt die gleiche Realität: „(...) er verschafft deinen Grenzen Frieden und sättigt dich mit bestem Weizen" (Ps 147,14).

Unser Herr Jesus sagte zu seinem bevorstehenden Tod: „Wenn das Weizenkorn nicht in die Erde fällt und stirbt, bleibt es allein; wenn es aber stirbt, bringt es reiche Frucht" (Joh 12,24). Mein Lehrer, der Apostel Paulus, hatte das Bild des keimenden Weizenkorns vor Augen, als er sich mit der Frage der leiblichen Auferstehung der Toten beschäftigte (vgl. 1 Kor 15,36–44). Ich selbst gebrauchte in meinem Evangelium das Weizenkorn als Bild für die Ausbreitung des Gottesreiches: „Die Erde bringt von selbst ihre Frucht, zuerst den Halm, dann die Ähre, dann das volle Korn in der Ähre" (Mk 4,28). Eine schlechte Weizenernte bedeutete immer eine existenzielle Bedrohung für unsere Bevölkerung und trieb viele Familien an den Rand des Ruins, in die Schuldenversklavung oder zwang sie zur Auswanderung. Selbst in „fetten" Jahren konnten die Landwirte nur wenige Vorräte für schlechte Ernten anlegen. Normalerweise reichte die Ernte gerade einmal für den Eigenbedarf und für das Saatgut im nächsten Jahr.

Wie habt ihr den Weizen als Lebensmittel verarbeitet?

Den Hartweizen nahmen unsere Frauen zum Backen von Fladenbroten. Und da Weizen geradezu der Inbegriff des guten Nahrungsmittels war, wurde er auch im Tempel für die Schaubrote verwendet (vgl. Num 4,7) und als tägliches Speiseopfer dargebracht. Übrigens galt der Weizen bei armen Leuten als Ersatz für das Opfern von Tauben (vgl. Lev 5,11).

Und die Gerste?

Im Vergleich zum Weizen wurde der Wert der Gerste geringer bewertet. Sie stellte auch weniger Ansprüche an den Boden. Deshalb bauten die Landwirte sie in den Gebieten der Negevwüste oder an den Rändern des Gebirgslandes an. Weizen war dreimal so wertvoll wie Gerste (vgl. 1 Kön 5,8; Joh 6,9ff; Offb 6,6). Deshalb fand sie auch Verwendung als Futtergetreide für das Vieh. Als Nahrung haben wir sie eher zu Brei als zu Brot verarbeitet. Mit anderen Worten, die Gerste bezeichnete man als das Getreide der untersten Schicht in der damaligen Gesellschaft. So war der großzügige Junge bei Johannes 6,9 mit seinen fünf Gerstenbroten, die er Jesus für die Speisung der 5000 Menschen zur Verfügung gestellt hatte, sicherlich ein Kind von weniger bemittelten Eltern, da ja Gestenbrote als „Arme-Leute"-Wegzehrung galten.

Wie habt ihr das Getreide geerntet?

Bei der Ernte schnitten wir die Ähren mit einer Sichel ziemlich hoch ab. Zurück blieb ein Stoppelfeld mit hochstehenden Getreidehalmen. Kürzere Halme, deren Körner die Schnitter nicht erwischt hatten, durften dann Arme und Bedürftige nach der eigentlichen Ernte einsammeln. Von diesem Armenrecht kannst du Näheres im Buch Rut erfahren, als die moabitische Witwe mit ihrer Schwiegermutter Noomi in deren Heimatstadt Bethlehem zurückkehrte, damit sie dort ihren Lebensunterhalt sichern konnten (vgl. Rut 2,1–23).

Wie wurde das Getreide gedroschen?

Damit sich die Körner aus den Ähren lösten, haben wir das Getreide auf einer ebenen Felsentenne gedroschen und dann geworfelt. So ließ sich die Spreu vom Weizen trennen. Johannes der Täufer gebrauchte diesen Vorgang als ein Bild für das Kommen unseres Meisters Jesus (vgl. Mt 3,12).

War die Feige nicht die erste Frucht, die in der Bibel mit Namen erwähnt wurde?

Du meinst die Geschichte von Adam und Eva, als sie merkten, dass sie nackt waren und sich deshalb einen Schurz aus Feigenblättern machten (vgl. Gen 3,7). Auch der Feigenbaum gehörte zu den sieben Segnungen des Heiligen Landes. Die Vielzahl der weichen, essbaren kleinen Kerne und die Süßigkeit der Frucht betrachteten wir wie den Honig als Sinnbild des Wortes Gottes (vgl. Ps 19,11). Unter dem Feigenbaum zu wohnen war für den Propheten Micha das Bild für ein Leben in Frieden und Sicherheit (vgl. Mi 4,4). Sobald seine ersten

Blätter trieben, wussten wir, dass der Sommer bald beginnen würde. Und damit wies diese Frucht auf die Zukunft hin. Jesus griff das Bild auf im Blick auf sein Wiederkommen (vgl. Mt 24,32).

Die Feige war wohl ein wichtiges Nahrungsmittel für euch?

Das kann man wohl sagen. Von Ende Mai bis Anfang Oktober brachte der Feigenbaum fünf Monate lang seine Früchte. Wegen ihres hohen Zuckergehaltes haben wir die Feige getrocknet oder zu Fladen, den sogenannten Feigenkuchen, gepresst. Damit konnten wir sie für den Winter lagern. Andererseits bedeutete ein Feigenbaum ohne Frucht eine unerwünschte Last. Wir hieben ihn um, denn guter Boden war zu kostbar, um ihn an Bäume zu verschwenden, die keinen Ertrag brachten. Das Gleichnis Jesu vom Feigenbaum weist darauf hin (vgl. Lk 13,6–9).

Kannst du uns noch etwas über die Mandel sagen?

Mandeln galten in unserer Zeit als Delikatesse. Sie enthielten viele Nährstoffe. Aus ihrem Kern wurde auch Öl gewonnen. Der Mandelbaum war der erste, der vor Ende des Winters zu blühen begann und damit das Nahen des Frühlings ankündigte. Manche sahen auch in der Mandel als biblische Frucht einen Hinweis auf das Ehebündnis und den Bund mit Gott. Auch betrachteten wir den Mandelzweig als ein Symbol der Hoffnung: Jakob gab seinen Söhnen auf die Reise nach Ägypten Geschenke mit, um den Unbekannten, bei dem es sich um seinen Sohn Josef handelte, gnädig zu stimmen. Darunter befanden sich auch Mandeln. Aus dem Stab Aarons trieben zum Zeichen der Erwählung für das Priesteramt Knospen, Blüten und reife Mandeln hervor (vgl. Num 17,23). Die Kelche der Menorah in der Stiftshütte sollten mandelförmig sein (vgl. Ex 25,33–34). Das hebräische Wort „Shaqed" für Mandel bedeutet auch Wächter oder Wachender, wie es der Prophet Jeremia in einem Wortspiel zum Ausdruck brachte: „Das Wort des Herrn erging an mich: Was siehst du, Jeremia? Ich antwortete: Einen Mandelzweig sehe ich. Da sprach der Herr zu mir: Du hast richtig gesehen; denn ich wache über mein Wort und führe es aus" (Jer 1,11–12).

Feste feiern, wie sie fallen

Wie wurden Feste in biblischer Zeit begangen? In welchem Turnus fanden sie statt? Welche Feste wurden gefeiert? Wie lange dauerten sie? Ein Mann, der allen Grund hatte zu feiern, war der Vater in der Bildrede vom „Verlorenen Sohn", als er diesen wieder wohlbehalten nach langer Sorge in die Arme schließen konnte. Nennen wir ihn einfach Levi. Sicherlich kann er uns auch etwas mehr über die traditionellen Feste von damals berichten.

Levi, du hattest zwei Söhne. Der jüngere wollte eines Tages unbedingt seinen Erbteil ausbezahlt haben. Also gabst du seinem Drängen nach. Dann brach er die Zelte hinter sich ab und zog in einer dumpfen Sehnsucht nach Glück in die Fremde. Durch ein ausschweifendes Leben hatte er bald sein ganzes Vermögen verschleudert (vgl. Lk 15,11–13). Sollten jetzt Entbehrung und Verachtung die Endstation sein? Er begann nachzudenken und entschloss sich zur Umkehr. Er wusste genau, dass er das Rad seines Lebens nicht einfach um ein paar Jahre zurückdrehen konnte, als wäre nichts geschehen. Aber vielleicht würdest du als Vater ihm wenigstens wie einem Sklaven das Gnadenbrot geben. Gerne wollte er dafür hart arbeiten. Mehr konnte er absolut nicht erwarten. Levi, wie hast du all diese Jahre den Verlust deines Jüngsten verkraftet?

Wie oft hatte ich in schlaflosen Nächten voller Sorgen über ihn nachgedacht. „Was habe ich an der Erziehung falsch gemacht"?, fragte ich mich immer und immer wieder. Wie oft trat ich vor die Haustüre und erwartete sehnsüchtig meinen Sohn. Und eines Tages sah ich ihn endlich von Weitem daherschwanken, zerlumpt und ausgemergelt. Ein überwältigendes Mitleid kam über mich. Keine Silbe des Vorwurfs wollte über meine Lippen kommen. Ich hatte nur einen Wunsch im Herzen: ein großes Freudenfest für diese glückliche Heimkehr zu feiern, auch wenn mein Ältester eher mit kühler Zurückhaltung darauf reagierte.

Zum Thema Feste in der biblischen Zeit: Wie habt ihr damals die religiösen Feste gefeiert und wann fanden sie statt?

Feste wurden in einem regelmäßigen Turnus begangen, wöchentlich, monatlich oder jährlich. Sie rhythmisierten unsere Zeit. Wir zählten Tage oder Wochen von einem Fest zum anderen. Wir markierten den Anfang und das Ende eines Jahres durch ein Fest. Festzeiten waren aus dem Alltagsleben herausgehobene Perioden. Sie unterschieden sich von anderen Tagen durch Arbeitsruhe und Sakralisierung der Zeit in dem Sinne, dass wir sozusagen an diesen Tagen mit Gott eine Verabredung hatten. Wir sollten sein Wort hören, singen, tanzen, beten, ihn loben, auch essen und trinken, uns also mit ungeteilter Aufmerksamkeit an ihm und mit ihm freuen – bis auf Jom Kippur, das war ein reines Sühnefest.

Und wie habt ihr Jom Kippur begangen?

Als einen feierlichen Tag des Fastens. An diesem Sühnetag baten wir Gott um Vergebung für die Sünden des vergangenen Jahres. Natürlich war jede Arbeit verboten. Nichts und niemand im Lande sollte die Heiligkeit dieses Tages stören.

Im Tempel wurden Opfer dargebracht, denn Sühne und Reinigung waren die Voraussetzungen für die bleibende Gegenwart Gottes im Heiligtum. An Jom Kippur durfte der Hohepriester das einzige Mal im Jahr allein das Allerheiligste im Tempel betreten. Dort empfing er stellvertretend für das Volk die Vergebung der Sünden. Dort besprengte er auch die Bundeslade mit dem Blut von zwei Opfertieren. Über zwei Böcken wurde das Los geworfen. Den einen opferte man, dem anderen legte der Hohepriester die Sünden des Volkes auf. Dann wurde er als Sündenbock in die Wüste gejagt. Dabei sollte jedoch das Tier nicht mit dem Volk identifiziert werden, indem es für die Menschen starb. Der Bock wurde nur als „Transportmittel" zur Entfernung der Sünde aus der Mitte des Volkes angesehen.

Ein Feiertag, der sich jede Woche wiederholte, war doch der Sabbat.

Der Sabbat als der siebte Tag der Woche galt als der von Gott festgesetzte Ruhetag. So heißt es am Ende der Schöpfungsgeschichte: „Am siebten Tag vollendete Gott das Werk, das er geschaffen hatte, und er ruhte am siebten Tag, nachdem er sein ganzes Werk vollbracht hatte. Und Gott segnete den siebten Tag und erklärte ihn für heilig; denn an ihm ruhte Gott, nachdem er das ganze Werk der Schöpfung vollendet hatte" (Gen 2,2–3). Es ist der einzige Wochentag mit eigenem Namen.

Wann tauchte die Bezeichnung Sabbat erstmals auf?

Als das Volk Israel aus Ägypten ausgezogen war und noch in der Wüste lebte. Gott schickte ihnen am Morgen das Manna als Brot vom Himmel. Die Israeliten beschrieben es als Körner, weiß wie Koriandersamen und süß wie Honig. Die Leute sollten nur so viel davon einsammeln, wie sie am Tag verbrauchten. Nichts durfte über Nacht aufbewahrt werden. Wer es dennoch tat, fand am nächsten Morgen verfaultes Manna vor (vgl. Ex 16,14–36). Der Herr wollte, dass die Menschen seiner Vorsehung vertrauten. Als sie am sechsten Tag ihre normale Ration Manna einsammelten, verdoppelte diese sich auf einmal. Erstaunt darüber fragten die Leute Moses, was das zu bedeuten habe. Da erklärte er ihnen: „Es ist so, wie der Herr gesagt hat: Morgen ist Feiertag, heiliger Sabbat zur Ehre des Herrn. Backt, was ihr backen wollt, und kocht, was ihr kochen wollt, den Rest bewahrt bis morgen früh auf!" (Ex 16,23). So sollte also an diesem Tag jeder ruhen: alle Menschen, Arbeiter, Ausländer und sogar die Tiere.

Habt ihr das wirklich so verstanden, dass Gott nach seiner Schöpfungstätigkeit einen Ruhetag brauchte?

Aber nein! Wie heißt es im Schöpfungsbericht: „Und Gott sprach, es werde (…) und es wurde (…)" (Gen 1,3*)*. Sein Wort rief die Welt und alles, was darin lebt, ins Dasein. Gott und sein Wort ermüden nie. Aber in seiner großen Barmherzigkeit den Menschen gegenüber weiß er, dass wir tatsächlich Zeiten der Ruhe nötig haben, denn Dauerstress zerbricht den Menschen. Deshalb diente dieser Ruhetag letztlich unserem eigenen Wohl.

Und wie habt ihr den Sabbat gefeiert?

Er begann mit einer besonderen Familienfeier am Freitagabend. Wenn die Dämmerung anbrach und der Tag in den

Abend überging, zündete meine Frau als die Mutter des Hauses die beiden Sabbatkerzen an. Während sie die Hände gegen diese Lichter hob, sprach sie den Segenshymnus: „Gelobt seist du, Ewiger, unser Gott, König der Welt, der du uns geheiligt durch die Gebote und uns befohlen, das Sabbatlicht anzuzünden." Oft waren auch Freunde an unserem festlich gedeckten Tisch eingeladen. Die Mahlfeier begann mit speziellen Gebeten, wobei ich als Familienvater zuerst meine Frau und dann unsere Kinder segnete. Dann sprach ich über Wein und Brot einen weiteren Segen, den „Kiddusch": „Gelobt seist Du, Ewiger, unser Gott, Schöpfer der Früchte des Weinstocks. Gelobt seist Du, Ewiger, unser Gott, der Du das Brot aus der Erde hervorgehen lässt." Alle Anwesenden klatschten dabei fröhlich mit. Im Anschluss daran folgte ein gutes Festessen. Schon der Prophet Jesaja sprach davon, dass der Sabbat fröhlich gefeiert werden sollte: „Wenn du am Sabbat nicht aus dem Haus gehst und an meinem heiligen Tag keine Geschäfte machst, wenn du den Sabbat (den Tag der) Wonne nennst, einen Ehrentag den heiligen Tag des Herrn, wenn du ihn ehrst, indem du keine Gänge machst, keine Geschäfte betreibst und keine Verhandlungen führst, dann wirst du am Herrn deine Wonne haben, dann lasse ich dich über die Höhen der Erde dahinfahren und das Erbe deines Vaters Jakob genießen"(Jes 58,13–14a).

Wann endete der Sabbat?

Am Samstagabend bei Sonnenuntergang mit einer kurzen Zeremonie, der „Havdalah", dem Unterschiedssegen. Damit priesen wir Gott für den Unterschied zwischen heiligen und gewöhnlichen Tagen. Eine neue Woche begann.

Ein anderes Fest war das Pessach. Hatte das nicht mit dem Auszug aus Ägypten zu tun?

In der Tat. Gleichzeitig beinhaltete es ein Gedenken an die Errettung aus der Sklaverei.

Wie lange dauerten hier die Feierlichkeiten?

Acht Tage, wie es Moses uns vorgeschrieben hatte: „Am ersten Tag habt ihr heilige Versammlung; ihr dürft keine schwere Arbeit verrichten" (Lev 23,7). „Am siebten Tag ist heilige Versammlung; da dürft ihr keine schwere Arbeit verrichten" (Lev 23,8).

Und wie habt ihr dieses Fest gestaltet?

Es begann am Abend mit der Sederfeier. „Seder" bedeutete Ordnung, weil es sich um ein Festmahl handelte, das choreografisch nach festen Vorschriften ablief, der sogenannten „Haggada". Die Feier bestand aus drei Teilen. Im ersten Teil ging es um das geschichtliche Geschehen in Ägypten. Im zweiten nahmen wir das große Festmahl ein. Im dritten Teil wurde die Zukunft unseres Volkes angesprochen in der Hoffnung auf endgültige Erlösung und Heil.

Welche Bedeutung hatte dieser Begriff Pessach?

Vorübergehen, auslassen. Vor dem Auszug aus Ägypten ging der Engel des Herrn an den Häusern unserer Vorfahren vorbei, ließ sie aus, weil ihre Türpfosten nach Gottes Anweisung mit dem Blut eines Opferlammes bestrichen waren. So wurde die Erstgeburt der Israeliten verschont. Deshalb erinnerte uns ein makelloser, ungebrochener Lammknochen auf dem Sederteller an jenes Opferlamm. Nun stellte bei der Pessachfeier mein Jüngster Fragen über diese Ereignisse und erhielt anhand der Tora die Erklärung, worauf wir hofften, nämlich auf den Messias. Dann wurden symbolische Speisen gereicht. Grünes Kraut stand für die Früchte der Erde, die uns Gott jedes Jahr neu schenkte. Bitterkräuter erinnerten uns an das bittere Leben der Israeliten in Ägypten. Das Salzwasser symbolisierte die in Ägypten vergossenen Tränen. Ein Brei aus geriebenen Äpfeln, Nüssen, süßem Rotwein, Zimt und Honig erinnerte wegen seiner braunen Farbe an den Lehm, den die Israeliten während ihrer Fronarbeit für die Gebäude der Pharaonen zu Ziegeln verarbeiten mussten. Drei ungesäuertes Brote („Matzot") ließen uns an den schnellen Auszug aus Ägypten denken, denn die Israeliten hatten ja keine Zeit, das Brot mit Sauerteig gehen zu lassen. Gemäß unserer Tradition tranken wir nun vier Gläser Wein. Es waren Freudenbecher im Hinblick auf Gottes Verheißungen. Hatte der Allmächtige doch gesagt: „Ich bin Jahwe. Ich führe euch aus dem Frondienst für die Ägypter heraus und rette euch aus der Sklaverei. Ich erlöse euch mit hoch erhobenem Arm und durch ein gewaltiges Strafgericht über sie. Ich nehme euch als mein Volk an und werde euer Gott sein" (Ex 6,6–7a).

Gab es damals bei euch auch eine Art Erntefest?

Mehrere. Sieben Wochen nach Pessach haben wir „Schawuot", das „Wochenfest der Erstlingsfrüchte", gefeiert. Heißt es doch im Buch Deuteronomium: „Du sollst sieben Wochen zählen. Wenn man die Sichel an den Halm legt, sollst du beginnen, die sieben Wochen zu zählen. Danach sollst du dem

Herrn, deinem Gott, das Wochenfest feiern und dabei eine freiwillige Gabe darbringen, die du danach bemisst, wie der Herr, dein Gott, dich gesegnet hat. Du sollst vor dem Herrn, deinem Gott, fröhlich sein, du, dein Sohn und deine Tochter, dein Sklave und deine Sklavin, auch die Leviten, die in deinen Stadtbereichen Wohnrecht haben, und die Fremden, Waisen und Witwen, die in deiner Mitte leben. Du sollst fröhlich sein an der Stätte, die der Herr, dein Gott, auswählt, indem er dort seinen Namen wohnen lässt. Denk daran: Du bist in Ägypten Sklave gewesen. Daher sollst du auf diese Gesetze achten und sie halten!" (Dtn 16,9–12).

Von der Weizenernte wurden im Tempel ein Dankopfer gefeiert: „Bringt als Erstlingsgaben für den Herrn aus euren Wohnsitzen zwei Brote dar, gebacken aus zwei Zehntel Efa Feinmehl mit Sauerteig" (Lev 23,17).

Pilgerten die Menschen an solchen Festen aus allen Teilen des Landes zum Tempel nach Jerusalem?

Oh ja. Schawuot war neben Pessach und dem Laubhüttenfest das große Wallfahrtsfest in unserer Zeit. Wegen dieser Festtage waren um das Jahr 33 viele fromme Juden aus aller Welt nach Jerusalem gekommen. Die Stadt platzte förmlich aus den Nähten. Plötzlich hörten alle ein Brausen wie von einem großen Sturm, der vom Himmel herabfuhr. Feuerzungen konnten die Leute auf den Köpfen von Jesu Jüngern sehen: ein Feuer, das sie nicht verbrannte. Und dann begannen sie, in fremden Sprachen zu reden. Jeder ausländische Jude konnte sie verstehen. Es war nicht zu fassen. Deshalb meinten einige in ihrer Verlegenheit, die Männer seien betrunken. Petrus, ein nach außen hin eher robuster und raubeiniger Typ, ergriff das Wort und hielt eine großartige Rede hier in diesem Chaos der vielen Menschen. Du denkst vielleicht, ich übertreibe, aber an diesem Tag kamen sage und schreibe um die 3000 Menschen zum Glauben an Jesus, unseren auferstandenen Herrn (vgl. Apg 2,14–41). Viele weinten vor Freude. Diese gute Nachricht verbreitete sich damals wie ein Lauffeuer auch außerhalb Jerusalems und in der damals uns bekannten Welt.

Welche Bedeutung hatte das Laubhüttenfest?

Wir haben zum Abschluss des Erntejahres ein weiteres Fest, das Laubhüttenfest, gefeiert. Freude und Dank verbanden wir mit diesem Fest. Unser liturgischer Kalender forderte ausdrücklich zur Festfreude auf und bezog sogleich sozial schwache und ausgegrenzte Bevölkerungsteile mit ein: „Das Laubhüttenfest sollst du sieben Tage lang feiern, nachdem du das Korn von der Tenne und den Wein aus der Kelter eingelagert hast. Du sollst an deinem Fest fröhlich sein, du, dein Sohn und deine Tochter, dein Sklave und deine Sklavin, die Leviten und die Fremden, Waisen und Witwen, die in deinen Stadtbereichen wohnen. Sieben Tage lang sollst du dem Herrn, deinem Gott, das Fest feiern an der Stätte, die der Herr auswählt. Wenn dich der Herr, dein Gott, in allem gesegnet hat, in deiner Ernte und in der Arbeit deiner Hände, dann sollst du wirklich fröhlich sein" (Dtn 16,13–15).

Warum wurde diese Randgruppe eigens genannt?

Landbesitzlose konnten keine Erntegaben zum Heiligtum bringen. Dieser Umstand hätte sie eigentlich von den Feiern ausgeschlossen. Doch alle sollten sich freuen, vor dem Herrn feiern und dem Geber der Gaben danken und gleichzeitig für

SAG, SIMON, WIE WAR ES DAMALS?

Regen im Herbst bitten (vgl. Sach 14,16f). Die ganze Fest-freude brachten wir dann in einer Prozession zum Ausdruck. In den Händen trugen wir einen Pflanzenstrauß als Zeichen der Gabe Gottes für die Fruchtbarkeit des Landes. Er be-stand aus einem Palmzweig, dem „Lulaf", aus Myrte, Weide und einer Zitrusfrucht, dem „Etrog". Die Zweige banden wir zusammen und bewegten sie beim Gebet in alle vier Him-melsrichtungen, um uns daran zu erinnern, dass Gott überall gegenwärtig ist.

Gab es einen Zusammenhang zwischen der Laubhütte und die-sem Erntedankfest?

Laubhütten standen auf den Erntefeldern vorwiegend zum Schutz vor der Mittagshitze. Wir übernachteten und feierten auch dort während der Erntezeit (vgl. Jes 1,8; Gen 33,17).

Sollte euch das Laubhüttenfest nicht auch an die Wüstenwande-rung der Israeliten erinnern?

In der Tat wurde im Buch Levitikus erstmals die Wüsten-wanderung unseres Volkes als Begründung für die Feier des Laubhüttenfestes genannt: „Damit eure kommenden Gene-rationen wissen, dass ich die Israeliten in Hütten wohnen ließ, als ich sie aus Ägypten herausführte. Ich bin der Herr, euer Gott" (Lev 23,43). Diese jährliche Feier der Befreiung Israels aus Ägypten und der Wanderung durch die Wüste sollte gleichzeitig die Erinnerung an das Heilsgeschehen für jede nachfolgende Generation lebendig halten.

Stimmt es, dass ihr euer Neujahrsfest mit einer Zeitrechnung von der Erschaffung der Welt an begangen habt?

Das stimmt. Wir nannten dieses Fest „Rosch ha Schana" („Haupt des Jahres"). Wir begrüßten einander mit dem Wunsch: „Mögest du zu einem guten Jahr ins Buch des Lebens eingetragen und besiegelt sein." Den Neujahrstag bezeichneten wir auch als „Tag des Posaunenschalls". Das „Schofar", das Widderhorn, wurde als Aufruf zur Besinnung und zum Lob des Schöpfers geblasen. In den Gebeten sprachen wir Gott bewusst als König an, um seine Autorität besonders zu betonen. Das Neujahrsfest galt als Gerichtstag, an dem Gott das Urteil über Juden und Nichtjuden fällte. Deshalb sollten wir alle die Möglichkeit zur Selbstbesinnung, Reue und Versöhnung wahrnehmen. Eine alte Tradition, die jene Vergebung verdeutlichen sollte, war das „Taschlich". In seiner hebräische Wurzel bedeutete dieses Wort „werfen", „du wirst werfen". Vor dem Nachmittagsgebet des ersten Tages nahmen wir kleine Steine in die Hand und warfen sie in einen Teich. Diese Handlung sollte uns an das Versprechen Gottes erinnern, die Sünden ins äußerste Meer zu werfen und sie zu vergessen (vgl. Mi 7,19b).

Welche Bedeutung hatte das Chanukka-Fest?

Chanukka (hebr. „Hingabe, Einweihung") wurde auch als der „Tag der Hinwendung" oder als Lichterfest begangen. Wir feierten es in Erinnerung an die Wiedereinweihung des Tempels in Jerusalem, nachdem 165 Jahren zuvor unsere Makkabäer die Armee des griechisch-syrischen Feldherrn Antiochus IV. Epiphanes besiegt hatten.

Und wer war dieser Antiochus?

Er hatte es darauf abgesehen, die jüdische Religion zu zerstören. Er verbot durch Erlasse die Ausübung der Rituale nach den mosaischen Gesetzen. Er ließ sogar unsere heiligen Buchrollen zerstören. Er verbot die Einhaltung des Sabbats, unsere religiösen Feste und die Beschneidung. Der Gipfelpunkt seiner Judenverfolgung bestand darin, dass er im Tempel sogar einen Altar für den griechischen Gott Zeus errichten und ihm Schweinefleisch opfern ließ. Diese Handlung hatte schließlich die Makkabäer-Revolte durch den Priester Mattathias und dessen Söhne ausgelöst. Auf den Tag genau drei Jahre nach der Entweihung des Tempels wurde er durch die Makkabäer gereinigt und neu konsekriert. Als Teil dieser Wiedereinweihung benötigten sie heiliges Öl. Damit sollte der große siebenarmige Leuchter, die „Menorah", angezündet werden. Aber man fand nur einen kleinen Krug mit Opferöl. Das reichte gerade für einen Tag. Obwohl alle wussten, dass die Herstellung dieses liturgischen Öls acht Tage dauerte, entzündeten die Juden dennoch den großen Lichtträger mit dem wenigen Öl. Durch ein Wunder brannte der Leuchter acht Tage lang: ein Zeugnis für Gott als Licht der Welt.

Pharisäer, Schriftgelehrte und andere Theologen

Wer waren die Theologen in biblischer Zeit? In der Schrift stoßen wir auf verschiedene Gruppen und Strömungen. Eine bestimmte theologische Richtung verfolgten die Pharisäer. In den Evangelien stehen sie in einem ziemlich schlechten Rampenlicht: als scheinheilige, selbstgefällige Typen, denen es nur um die Einhaltung äußerer Gesetzesvorschriften ging. Aber verhielten sich alle Pharisäer so? Einer von ihnen war Saulus, der spätere Paulus, nachdem ihn die Erkenntnis, dass Jesus von Nazaret der Messias war, vom hohen Ross seines Stolzes geworfen hatte. Stellen wir ihm einfach einige gezielte Fragen.

Paulus, du hast ja selbst vor dem Hohen Rat bekannt, dass du ein Pharisäer und ein Sohn von Pharisäern bist (vgl. Apg 23,6). Warum bist du hier das Risiko eingegangen, als Pharisäer zu den Heuchlern gezählt zu werden, anstatt dich eindeutig als Jesus-Freund zu bezeichnen?

Ich bezog mich bei dieser Aussage auf meine Vergangenheit. Als Jude war ich tatsächlich als Sohn eines Pharisäers aufgewachsen. Vor meiner Bekehrung in Damaskus gehörte ich ja jener Gruppe an, die großen Wert auf die Auslegung des Gesetzes legte. Und damit wurde ich zum erklärten Feind aller Christen. Also verfolgte ich sie mit aller Gewalt, denn ihre Lehre erschien mir ein ganz gefährlicher Irrglaube zu sein, der die Einheit des altjüdischen überkommenen Glaubens zu sprengen drohte. Natürlich erachtete ich jetzt um Jesu willen alle vorherigen Errungenschaften für nichtig (vgl. Phil 3,5–7).

Wann entstand diese religiösen Bewegung der Pharisäer?

Die Pharisäer gingen eigentlich auf die „Hasidäer" („die „Frommen") zurück. Entstanden war diese Strömung in der frühmakkabäischen Zeit, etwa einhundertsechzig Jahre vor dem Kommen Jesu. Ihren Mitgliedern ging es vor allem darum, den jüdischen Glauben gegen hellenistische Überfremdung zu verteidigen. Nach dem Sieg über die Fremdherrschaft der Seleukiden kam es allerdings zwischen diesen „Frommen" und den regierenden Hasmonäern zum Bruch. Von da an nannten sie sich „Peruschim" („Separatisten"), im Griechischen „Pharisaios". Sie verstanden sich als politisch-religiöse Oppositionspartei gegen die illegitimen Ansprüche der herrschenden Hasmonäerdynastie auf die Hohepriesterwürde.

Worin bestand die Lehre der Pharisäer?

Ihr Parteiprogramm richtete sich nach dem in Exodus 19,6 formulierten Grundsatz: „Ihr aber sollt mir als ein Reich von Priestern und als ein heiliges Volk gehören." Es ging ihnen dabei um die Heiligung des Alltags durch die Tora. Das bedeutete konkret eine Ausweitung der ursprünglich nur im Tempel geltenden Reinheits- und Speisegebote auf das tägliche Leben des ganzen Volkes. Um dieses Ziel zu erreichen, interpretierten die Pharisäer die Weisungen der schriftlichen Tora auf die alltäglichen Situationen der Menschen von da-

mals. Diese mündliche Tora leiteten sie ebenfalls von der
Sinai-Offenbarung her und verliehen ihr auf diese Weise die
gleiche Autorität wie die der schriftlich überlieferten. Die
meiste Zeit des Tages gaben sie sich mit großer Hingabe dem
Studium und der Auslegung der Tora hin, was sich zeitweilig
in einem extremen Legalismus, wie dem rituellen Waschen
vor jeder Mahlzeit, äußerte.

*Im Neuen Testament werden Vertreter der Pharisäer oft in po-
lemischer Weise als Heuchler und Selbstgerechte kritisiert, die
in kleinlicher Weise Kritik übten und dabei den größeren Zusammenhang vernachlässigten. Was sagst du aus deiner eigenen
Erfahrung dazu?*

Man darf nicht alle Pharisäer in einen Topf werfen, denn
Verallgemeinerungen sind immer gefährlich. Ich möchte
dabei an einen unserer damaligen Zeitgenossen, den Pharisäer Rabbi Hillel, erinnern. Hillel galt als ein weitherziger,
geduldiger Rabbi. Er hatte zahlreiche Schüler und lehrte sie
in erster Linie Nächstenliebe und Gewaltlosigkeit. Seinen
Aussagen nach lässt sich die Tora in einer „Goldenen Regel"
zusammenfassen.

Was bedeutete diese „Goldene Regel"?

Ich erkläre es dir an einem Beispiel. Einmal stellte ein Nichtjude folgende Frage an Hillel: „Wenn du mir die Lehre des
Judentums vermitteln kannst, solange ich auf einem Bein
stehe, werde ich zu eurem Glauben übertreten." Der weise
Rabbi antwortete: „Was du nicht willst, das man dir tue, das
füge auch keinem anderen zu. Darin ist die ganze Tora ent-
halten. Alle anderen Aussagen sind nur Kommentare dazu."

Allerdings hatte Hillel auch einen Gegenspieler, den Rabbi Schammai, der mit seinem rigorosen Ansatz die Tora viel strenger auslegte.

Könnte man diese religiöse Strömung der Pharisäer als eine Art Laienbewegung bezeichnen?

Das trifft genau den Punkt. Sie hatten ein starkes Zusammengehörigkeitsgefühl. Deshalb schlossen sich viele Pharisäer in „Chavurot" („Genossenschaften") zusammen. Ihre Anhängerschaft fanden sie vor allem in der städtischen Mittelschicht und im Kleinbürgertum.

Mussten die Mitglieder eine gewisse Probezeit durchlaufen?

Ja schon. Es gab bestimmte Satzungen. Diese Genossenschaften hatten sich vor allem zur Abgabe des Zehnten von ihrem Besitz verpflichtet und zur strikten Einhaltung der Reinheitsgebote. Dabei achteten sie mit äußerster Akribie darauf, nur Nahrungsmittel im Zustand levitischer Reinheit zu sich zu nehmen. Nur nach vorherigen Waschungen näherten sie sich dem Tisch, ähnlich wie es die Priester am Altar im Tempel taten. Als Gemeinschaft sonderten sie sich von jeglicher kultischen Unreinheit ab. Alle Juden, die sich diesem Programm der Verwirklichung der Tora im Alltag nicht anschlossen, bezeichneten sie geringschätzig als „Erez", als „unkundiges Landvolk" (vgl. Joh 7,49).

Was beinhalteten diese levitischen Reinheitsgebote?

Im Buch Levitikus, Kapitel 11, wurden hinsichtlich der Speisevorschriften Tiere als koscher (zum Verzehr erlaubt) und nicht koscher (nicht erlaubt) unterschieden. Nach dieser Regelung durfte man von den Großtieren nur solche als koscher betrachten, die zweigespaltene Hufe hatten und Wiederkäuer waren, beispielsweise Kühe. Damit wurde Schweinefleisch als nicht koscher eingestuft. Schweine haben zwar gespaltene Hufe, aber sie sind keine Wiederkäuer. Auch Kamele waren für uns nicht koscher, weil sie zwar wiederkäuen, aber keine vollständig gespaltenen Hufe haben. Von den im Wasser lebenden Tieren waren solche koscher, die Flossen und Schuppen haben. Außerdem galten von den Meerestieren Hummer, Langusten, Muscheln, Tintenfische als nicht koscher. Nach den Vorschriften unserer Rabbis durften alle Produkte von kosheren Tieren ebenfalls als koschere Lebensmittel genossen werden.

Wie stand Jesus zu den überlieferten Gesetzesvorschriften?

Das kannst du am besten von den vier Evangelisten erfahren. Jesus hat diese Vorschriften mit Leben gefüllt. Als einmal ein Gesetzeslehrer ihn fragte, welches das wichtigste Gebot sei, antwortete er: „Du sollst den Herrn, deinen Gott, lieben mit ganzem Herzen, mit ganzer Seele und mit all deinen Gedanken. Das ist das wichtigste und erste Gebot. Ebenso wichtig ist das zweite: Du sollst deinen Nächsten lieben wie dich selbst" (Mt 22,37–39).

Jesus verwarf jede Form von Rachegelüsten und zitierte dabei Levitikus 19,17–18. Er verlangte Gerechtigkeit und Mitleid, Hilfe für die Armen und Schwachen der Gesellschaft, wie es das Buch Deuteronomium fordert (vgl. Dtn 15,7). Außerdem verbot er die Verleumdung von Mitmenschen (vgl. Ex 23,1), den Meineid (vgl. Ex 20,16) und verlangte Umkehr als Voraussetzung für das Kommen des

Himmelsreiches. Selbst Heilungen am Sabbat waren unter bestimmten Voraussetzungen gestattet, womit Jesus auch hier nicht gegen das Gesetz verstieß. Immer wieder betonte er energisch: „Denkt nicht, ich sei gekommen, um das Gesetz und die Propheten aufzuheben. Ich bin nicht gekommen, um aufzuheben, sondern um zu erfüllen" (Mt 5,17). Das war ja auch das Grundanliegen der damaligen pharisäischen Bewegung. Leider hatte eine gewisse Pharisäerschaft in ihrer Einseitigkeit und Gesetzesstrenge oft „das Kind mit dem Bad ausgeschüttet". Mit ihrer Buchstabenfrömmigkeit überbetonten sie die Einhaltung der Reinheitsgebote, während Jesus immer der Gottes- und Nächstenliebe den Vorrang gab. In diesem Sinne musst du seine strengen Worte gegen eine bestimmte Gruppe von Pharisäern verstehen: „Wenn eure Gerechtigkeit nicht weit größer ist als die der Schriftgelehrten und der Pharisäer, werdet ihr nicht in das Himmelreich kommen" (Mt 5,20). Jesus erwartete die Auferstehung der Toten in der Tradition der Pharisäer gegen die Ansichten der stockkonservativen Sadduzäer. Diese glaubten nicht an das Weiterleben der Seele nach dem Tod. Die Sadduzäer waren Anhänger einer innerweltlichen Vergeltungslehre. Sie rechneten damit, dass der Mensch von Gott bereits im irdischen Leben Lohn und Strafe erhalte. Deshalb sollten die Menschen hier und jetzt für ihr Tun Eigenverantwortung tragen.

Wie waren die Beziehungen zwischen Sadduzäern und Pharisäern?

Nicht so gut. Die Pharisäer waren zwar populärer, hielten aber keinerlei politische Macht wie die Sadduzäer in Händen. Konfliktherde bestanden in der Auffassung bezüglich der Annahme oder Ablehnung eines Hellenisierungsprozesses innerhalb der jüdischen Gesellschaft. Religiöse Unterschiede bezogen sich auf die Beurteilung des Tempels, denn nach pharisäischer Ansicht war dieser den mosaischen Gesetzen und Propheten nachgeordnet. Die Sadduzäer leugneten das Eingreifen Gottes in menschliche Angelegenheiten. Im Gegensatz zu ihnen lehrten die Pharisäer den freien Willen des Menschen mit einem Vorherwissen Gottes.

Kannst du uns noch etwas über den Ursprung und die Entwicklung der Sadduzäer sagen?

Den griechischen Namen „Saddukaios" leiteten sie von Zadok ab, der in der davidisch-salomonischen Zeit Hoherpriester war (vgl. 2 Sam 8,17). Als Parteiname wurden die Mitglieder der zadokidischen Priesteraristokratie aus der konservativen aristokratischen Oberschicht als Sadduzäer bezeichnet. Zur Regierungszeit des Makkabäers Jonatan vor einhundertsechzig Jahren galten sie als eine bereits etablierte Größe im Machtgefüge des jüdischen Staates. Als eine Art Regierungspartei der höheren Jerusalemer Tempelpriesterschaft übten sie schon damals einen erheblichen Einfluss aus. Mit dieser ihrer nationalistischen Grundeinstellung stützten sie die Politik der Hasmonäer.

Was war der Unterschied zwischen Makkabäern und Hasmonäern?

Es gab keinen Unterschied. Der Name Makkabäer leitete sich von dem aramäischen Wort „Makkaba" („der Hammer") ab. Es war der Beiname von Judas, dem Sohn des Priesters Mattathias. Um Angehörige dieser Familie während der Zeit des Aufstandes zu bezeichnen, gebrauchten wir diesen Ausdruck.

Für die Königsdynastie, die die Makkabäer begründeten, hatte sich damals auch die Bezeichnung „Hasmonäer" eingebürgert. Diese leiteten sie vom Namen eines Vorfahren des Mattathias, einem gewissen Hasmonäus, ab.

Obwohl den Sadduzäern ein konservativer Grundzug zu eigen war, verbanden sie diesen dennoch mit einer aufgeschlossenen Haltung gegenüber den kulturellen Einflüssen des Hellenismus. Ihre weitere Geschichte war von einem steten Wechsel der politischen Mächte bestimmt, nach denen sie jeweils ihre Fahne ausrichteten. Nachdem die Römer den Herodes-Sohn Archelaos im Jahre 6 abgesetzt hatten, gewannen sie noch einmal erheblich an Macht und Einfluss. Die römischen Prokuratoren, die für die äußere und innere Sicherheit im Land zu sorgen hatten, setzten Hohepriester aus den Reihen der Sadduzäer ins Amt ein. Bei ihnen waren sie sich gewiss, dass sie eng mit der direkten römischen Verwaltung zusammenarbeiteten. Als in dieser Zeit auch der „Sanhedrin" („Hohe Rat"), eingerichtet wurde, war wiederum die Partei der Sadduzäer dominierend, wo es um die höchste jüdische Rechtsprechung und religiöse Fragestellungen ging. Beispielsweise gehörte der Hohepriester Hannas der Jüngere zur Partei der Sadduzäer. Diese Machtposition war allerdings durch die römischen Statthalter auf Tempel und Tempelstaat begrenzt. Das zwang die Sadduzäer zu einem politischen Spagat, um sowohl die eigenen Interessen als auch die Ansprüche der römischen Besatzungsmacht zu überbrücken, wenn sie ihre relative Autonomie erhalten wollten (vgl. Joh 11,47–50). Die Geschichte der Sadduzäer endete mit der jüdischen Niederlage und der Zerstörung des Tempels im Jahre 70, die die Basis ihrer Macht und den Bezugspunkt ihrer religiösen Anschauungen zunichte machte.

Wer waren eigentlich die Schriftgelehrten in eurer Zeit?

Es hieß von ihnen, dass sie sich auf den Stuhl Mose gesetzt haben und dass das, was sie lehrten, befolgt werden sollte. Ihre Werke sollten jedoch nicht nachgeahmt werden (vgl. Mt. 23,2.13–23). So wurden diese Männer, die ein Beispiel für andere sein sollten, öffentlich verurteilt, da ihr praktischer Lebenswandel im Gegenteil zu dem stand, was sie lehrten.

Schriftgelehrte waren Männer, die als Lehrer das Gesetz des Mose auslegten. Bevor sie Rabbi wurden, mussten sie die Schrift studieren. Deshalb war auch ich Student bei dem berühmten Rabbi Gamaliel in Jerusalem.

Wann tauchte der Begriff Schriftgelehrter das erste Mal auf?

Mit Esra, einem Nachkommen des ersten Hohenpriesters Aaron. Er gehörte zur jüdischen Gemeinde, die zum Teil noch in Babylon lebte, aber durch das Edikt des Perserkönigs Kyros auch schon zu einem großen Teil wieder nach Jerusalem heimgekehrt war. Esras Anliegen bestand vor allem darin, Recht und Ordnung in der neu sich bildenden Jerusalemer Gemeinde herzustellen. Er übte bedeutenden Einfluss auf Auswahl und Redaktion der Heiligen Schriften und des mosaischen Rechtes aus. Von Esra wird gesagt: „Er war ein Schriftgelehrter, kundig im Gesetz des Mose, das der Herr, der Gott Israels, gegeben hatte" (Esra 7,6).

So haben wir also den Schriftgelehrten die Bücher des Alten Testamentes zu verdanken?

Eigentlich schon. Immer wieder haben sie mit großem Fleiß diese Bücher abgeschrieben und ausgelegt.

Im Neuen Testament werden die Schriftgelehrten oft zusammen mit den Pharisäern genannt. Wie ist das zu verstehen?

Die Schriftgelehrten waren schon ein eigener Berufsstand. Wie ich schon andeutete, befassten sie sich mit der Überlieferung und Auslegung der Tora. In dieser Funktion gehörten sie manchmal auch zu einer bestimmten religiösen Partei (vgl. Mk 2,16). Mit anderen Worten: Ein Schriftgelehrter konnte zwar Pharisäer sein, musste sich aber nicht unbedingt als Mitglied dieser Bewegung fühlen.

Wie wurde damals jemand Schriftgelehrter?

Eingang in den Kreis der Schriftgelehrten fanden die Menschen nicht mit der Geburt oder Herkunft, sondern allein durch Können und Wissen. Es gab unter ihnen natürlich einige Priester und Glieder vornehmer Familien, auch Handwerker oder Kaufleute. Die Gelehrten mussten nebenbei noch ganz normal arbeiten und sich selbst versorgen. Auch ich arbeitete später als Zeltmacher, damit ich nicht meinen Gemeinden zur Last fiel.

Bei der Auseinandersetzung mit dem Hellenismus mussten die Schriftgelehrten sich gegen den starken Einfluss des griechischen Geistes verteidigen. Dabei übernahmen sie die Technik des Dialogs, wobei die Antwort durch Fragen und Gegenfragen gesucht wurde. Mit dieser Methode studierten sie die Schrift und legten sie sachgerecht aus.

Wie sah ganz konkret deine Ausbildung als Schriftgelehrter aus?

Ich musste lange und gründlich studieren. Zuerst hatte ich eine Aufnahmeprüfung zu bestehen, die von Gamaliel selbst durchgeführt wurde. Hatten wir Schüler bestanden, dann traten wir in die Lebensgemeinschaft mit dem Lehrer ein und begleitete ihn auf seinen Wegen. Wir hörten ihm aufmerksam zu, wie er Probleme löste. Wir mussten den überlieferten Stoff auswendig lernen, denn das Studium bestand hauptsächlich aus Einprägen und Wiederholen dessen, was der Meister vortrug. Im Schuldialog durften wir Fragen stellen. Daraufhin brachte der Lehrer mit Rückfragen uns alle zum Nachdenken und ließ uns so die Antwort selber finden. Hatten wir unser Studium erfolgreich beendet, so wurden wir zum Gelehrten erklärt, indem Gamaliel uns die Hände auflegte. Von nun an konnten wir als Schriftgelehrte selbst tätig sein.

Diese Lehrer-Schüler-Beziehung erinnert unwillkürlich an das Verhältnis zwischen Jesus und seinen Jüngern.

Nur mit dem Unterschied, dass Jesus sich seine Schüler selbst aussuchte und sie nicht von sich aus zu ihm gekommen waren.

Welchen Aufgabenbereich hatten die Schriftgelehrten?

Weil das Gesetz Gottes alle Bereiche des Lebens umfasst, hatten die Schriftgelehrten nicht nur theologische, sondern auch richterliche Befugnisse. Sie entschieden über das Arbeitsverbot am Sabbat, wie eine Ehe zu schließen war oder ein Acker gekauft wurde. Mit solchen Aufgaben war auch ihr Ansehen im Volk entsprechend groß. Zur Zeit des Purim-Festes soll einmal ein Schriftgelehrter eine Gemeinde besucht haben. Normalerweise wurde an diesem Feiertag die Ester-Schriftrolle vorgelesen. Nun war die Gemeinde in großer Verlegenheit. Sie besaß keine Ester-Schriftrolle. Da setzte sich der Schriftgelehrte hin und schrieb das Buch Ester aus dem Gedächtnis nieder. Dann las er die Rolle vor. Die ganze Gemeinde staunte voller Anerkennung und Bewunderung über diese Leistung.

Es gab noch eine weitere religiöse Gruppe im damaligen Judentum, die Essener. Wer waren sie und wie lebten sie?

Herkunft und Bedeutung dieses Namens leitete sich vielleicht vom hebräischen Wort „Osseh Hatorah" („Täter der Tora") ab. Eine andere Bedeutung dieses Namens könnte auch von dem aramäischen „hazen" („rein, heilig") kommen. Die Essener waren eine fast nur aus Männern bestehende asketische Gruppe von Aussteigern. Als nahezu besitzlose Gemeinschaft lebten sie zölibatär nahe der Oase En Gedi. Gleichzeitig galten sie als drittgrößte jüdische Partei neben den Pharisäern und Sadduzäern.

Wann entstand die Essenerbewegung?

Etwa 150 Jahre vor Jesu Geburt im Zug der Opposition gegen die Hellenisierungstendenzen. Da der Hasmonäerkönig Jonathan neben der politischen Führung auch das Hohepriesteramt für sich in Anspruch genommen hatte, schrieb der „Lehrer der Gerechtigkeit" als Führergestalt der Essener an Jonathan einen Brief. Darin listete er über zwanzig Vorschriften der Tora auf, gegen die diese Hohepriesterschaft mit ihrer üblichen Tempelpraxis verstoße. Das Schreiben gipfelte in der Forderung an Jonathan, auf das Amt des Hohenpriesters zu verzichten, weil er illegal zu dieser Würde gekommen sei, stammte er doch nicht aus dem Geschlecht der Zadokiden. Die Essener hielten nämlich am Anspruch der Nachkommen Zadoks auf dieses Amt fest. Die Reaktion Jonathans gipfelte in einer gewaltsamen Aktion gegen den „Lehrer der Gerechtigkeit". Damit war der Bruch auf kultischem Gebiet endgültig besiegelt. Außerdem richteten sich die Essener nach dem Sonnenkalender, während im Tempel ein Mondkalender verwendet wurde. Somit stand für sie der gesamte Jerusalemer Kult nicht mehr in der legalen Nachfolge. Nach diesem Zerwürfnis mit dem Tempel betrachten sie die Wüste als den Ort, um von da dem Herrn den Weg zu bereiten (vgl. Jes 40,3). Während sie ursprünglich den Pharisäern nahestanden, schlug diese Nähe später auch in erbitterte Feindschaft um. Offenbar galt den Essenern die Tora-Praxis der Pharisäer als zu wenig rigoros. Ihren Lebenswandel in Heiligkeit verstanden sie deshalb als Sühne für die Übertretungen der Tora.

Was prägte den Lebensstil der Essener?

Ihr Ziel war ein Leben gemäß der Tora, also der Weisung Gottes, deren Studium sie ganze Nächte widmeten. An ihrer Spitze stand ein Leitungsgremium aus zwölf Laien und drei Priestern. Sie betrieben Philosophie, „liebten einander" mehr als alle übrigen jüdischen Gruppen. Sie lebten asketisch in Gütergemeinschaft und lehnten den Umgang mit Frauen ab. Um ihre kultische Reinheit zu unterstreichen, trugen sie weiße Kleider. Beim Eintritt übereigneten sie ihren ganzen Besitz der Gemeinschaft als Rückgabe des Eigentums an Gott. Ein hierfür Gewählter verwaltete den Gemeinbesitz. Sie bildeten in den Städten Gruppen. Waffen nahmen sie nur auf Reisen zum Schutz vor Räubern mit. Sie beteten vor Sonnenaufgang und vor den gemeinsamen Mahlzeiten mittags und abends.

Auch als Heiler betätigten sie sich. Sie lehnten das Schwören ab, außer ihrem Eid beim Eintritt, Ungerechte zu hassen und mit den Gerechten zu kämpfen. Sie mussten ein Noviziat ableisten und wurden bei Regelverstößen ausgeschlossen. Den Sabbat befolgten sie streng und waren sogar bereit, für die Tora als Märtyrer zu sterben. Sie glaubten an die Unsterblichkeit der Seelen zur Erlösung oder zur ewigen Strafe. Ihr ganzes Denken war von einem scharfen Dualismus geprägt: Als Söhne des Lichtes sollten sie die Söhne der Finsternis hassen. Für die unmittelbar bevorstehende Endzeit rechneten sie mit einem Kampf zwischen beiden Gruppen. Der Mensch hatte für sie keinen freien Willen, da Gott das Geschick der Menschen schon vor der Schöpfung festgelegt habe.

Da ja das Kopieren der Heiligen Schriften nicht nur bei den Essenern, sondern überhaupt in eurer Zeit als ein gottgefälliges Tun angesehen wurde, bitte ich dich, die damalige Praxis der Herstellung solcher Buchrollen zu erklären.

Beim Abschreiben der Bibel ging man in der Tat höchst sorgfältig vor. Den Schriftgelehrten fiel die Aufgabe zu, die vorhandenen Originale zu kopieren und damit der Nachwelt zu überliefern.

Und wie musste beim Abschreiben einer Buchrolle vorgegangen werden?

Die Länge eines jeden Abschnittes bestand zwischen achtundvierzig und sechzig Zeilen. Die Breite belief sich auf dreißig Buchstaben. Das ganze Manuskript musste man zuerst linieren. Wurden jedoch nur drei Worte ohne eine Linie geschrieben, war das Ganze als wertlos wegzuwerfen. Als Vorlage diente ein authentisches Manuskript. Der Schreiber durfte davon nicht im Geringsten abweichen. Es war verboten, auch nur ein Wort oder einen Buchstabe aus dem Gedächtnis aufzuschreiben. Zwischen den Buchstaben musste ein Zwischenraum so breit wie ein Haar gelassen werden. Zwischen den Paragraphen war ein Abstand von neun Buchstaben und zwischen den Büchern ein Freiraum von drei Zeilen einzuhalten. Als Kopierer durften nur Juden fungieren. Ihr Körper musste ganz gewaschen und in ein jüdisches Gewand gekleidet sein. Beim Schreiben des Namens Gottes durfte die Feder nicht gerade neu in die Tinte eingetaucht worden sein. Selbst wenn der Schreiber von einem König angeredet wurde, während er gerade den heiligen Namen Gottes schrieb, durfte er ihn nicht beachten. Buchrollen, die diesen Vorschriften nicht entsprachen, mussten verbrannt oder vergraben werden. Wenn eine Kopie fertiggestellt und gründlich überprüft worden war, betrachtete man sie als genauso gleichwertig wie ein altes Manuskript, zumal alte Manuskripte oft schon beschädigt waren.

Welches Material wurde für die Buchrollen benutzt?

Hauptsächlich gebrauchten die Schreiber Papyrus. Zu seiner Herstellung dienten die Stängel der Papyrusstaude. Zunächst wurden diese in dünne Streifen geschnitten. Dann legte man eine senkrechte und waagrechte Schicht übereinander und presste sie. Der im Material enthaltene natürliche Klebstoff genügte zur Bindung der Lagen. Anschließend wurden die Blätter getrocknet und geglättet. Damit waren sie schreibfertig. Die beschriebenen Blätter wurden aneinandergenäht und um einen Stock gewickelt, sodass normalerweise eine Rolle mit einer Länge von 7,34 m und einer Höhe von 26 cm entstand. Die Buchrollen wurden in Leinen gewickelt und in verschlossenen Tonkrügen aufbewahrt, wie es schon zur Zeit des Propheten Jeremias üblich war (vgl. Jer 32,14). Außerdem schrieb man auch auf Leder. Dieses Material musste allerdings von koscheren Tieren gewonnen werden, die kultisch rein und auch zum Genuss erlaubt waren. Leder hatte gegenüber Papyrus den Vorteil, dass es nicht so leicht abgenützt wurde. Deshalb verwandte man es vor allem für Niederschriften, denen man eine längere Haltbarkeit wünschte oder die öfter benutzt wurden. Deshalb musste das Gesetz für den liturgischen Gebrauch immer auf Leder geschrieben werden.

Woraus bestanden die Schreibgeräte?

Man schrieb mit Tinte und Feder. Die Tinte durfte nur schwarz sein und musste nach einem speziellen pflanzlichen oder kohlenhaltigen Rezept zubereitet werden. Sie war mit Honig versetzt, weil das Wort Gottes als süß galt. Diese Feder wurde aus einem Stück Schilfrohr hergestellt und mit einem Messer federförmig zugeschnitten. Ihre gespaltene Spitze ermöglichte sowohl flüssiges wie kursiveres Schreiben.

Wie wurde solch eine Buchrolle beim Lesen gehandhabt?

Das war gar nicht so einfach. Man benötigte beide Hände. Die linke hielt wegen der Linksläufigkeit der Schrift die Rolle und die rechte zog die beschriebenen Kolumnen allmählich am Auge vorüber und rollte das Gelesene nach der Gegenseite wieder ein. Wollte man die Rolle wieder lesebereit machen, musste man sie ganz zurückrollen, damit der Anfang wieder nach außen kam.

Wer lebt schon gerne unter einer römischen Besatzungsmacht?

In der Zeit des Neuen Testaments stand das Heilige Land unter der Fremdherrschaft der Römer: Wie kam es eigentlich dazu? Wie behandelte die Besatzungsmacht die Menschen von damals? Welche Macht besaß der römische Statthalter Pontius Pilatus, der Jesus mit der offiziellen Anklage als Aufrührer gegen Rom zum Kreuzestod verurteilt hatte? Wer durfte überhaupt gekreuzigt werden? Wie schrecklich war diese Todesart?

Wer könnte uns darüber am besten Auskunft geben? Vielleicht der römische Hauptmann Longinus, der Jesus am Kreuz mit seiner Lanze die Seite geöffnet hatte, sodass Blut und Wasser herausfloss (vgl. Joh 19,34).

Longinus, als römischer Hauptmann führtest du den Titel „Centurio". Was bedeutete das eigentlich?

Ich war der Vorgesetzte von achtzig bis hundert Soldaten. In dieser Position verdiente ich viermal so viel Geld wie ein normaler Soldat. Ich war in einem Einzelquartier untergebracht, verfügte über ein Reittier und durfte zum Zeichen meiner Würde den Federbusch auf meinem Helm quer tragen.

Als Centurio wurdest du Augenzeuge der Kreuzigung Jesu. Wie erlebtest du dieses schreckliche Geschehen?

Ich sah und hörte all die merkwürdigen Begleitumstände um seinen Tod bis hin zu der unheimlichen Finsternis mitten am Tage. All das beunruhigte mich. Ich wurde von einer unerklärlichen Furcht befallen. Dann starb Jesus mit dem Aufschrei: „Es ist vollbracht!" Da war mir plötzlich klar: Dieser Mann dort inmitten der beiden anderen Hingerichteten, das war kein todeswürdiger Schwerverbrecher. Nein, ganz im Gegenteil, er musste wirklich mit Gott in Verbindung gestanden haben. Und ich war es, der seine Hinrichtung überwacht hatte! Mit der Furcht überkam mich das quälende Gefühl, gegen Gott gehandelt zu haben. Andererseits musste ich als Hauptmann bei der Exekution meine Pflicht tun.

Wie hast du die letzten Augenblicke des Sterbens Jesu miterlebt?

Ich befahl einem meiner Soldaten, sie sollten den beiden Verbrechern die Beine zerbrechen, damit sie sich nicht mehr aufstützen konnten und so schneller erstickten. Als Jesus offensichtlich schon verschieden war, wollte ich mich seines Todes versichern und stieß meinen Speer zwischen seine Rippen mitten ins Herz. Sogleich kam Blut und Wasser heraus (vgl. Joh 19,34): ein klarer Beweis dafür, dass der Tod eingetreten war. Während ich in diesem Moment direkt unter dem Kreuz stand, tropfte das Blut aus seiner Seitenwunde direkt auf meine Augen. Ich muss dazu sagen, dass ich schon seit längerer Zeit auf einem Auge blind war. Und plötzlich konnte ich wieder richtig sehen, aber noch viel mehr: Mein inneres Auge wurde dabei geöffnet, denn mit unwiderstehlicher Kraft drängte sich mir der Ausruf auf die Lippen: „Wahrhaftig, das war Gottes Sohn!" (Mt 27,54).

*Sicher hattest du vorher von der Anklage der führenden Juden
gegen Jesus gehört: „Er ist ein Gotteslästerer. Er macht sich selbst
zu Gottes Sohn!" Auch wie sie ihn dann mit dem Vorwurf ver-
spotteten: „Wenn du Gottes Sohn bist, hilf dir selbst, und steig
herab vom Kreuz" (Mt 27,40).*

Natürlich. Ich hatte auch die Überschrift über dem Kreuz
gelesen, die Pilatus spöttisch verfasst hatte: „Iesus Nazarenus
Rex Iudaeorum" („Jesus von Nazaret, König der Juden"). Jetzt
aber erkannte ich mit sehenden Augen, dass Jesus nicht gelo-
gen, sich nicht diesen Titel angemaßt hatte. Und da wusste
ich: Er war wirklich der König der Könige! Er musste Gottes
Sohn gewesen sein! Als ich dann noch seine Auferstehung
bei der Bewachung des Grabes miterlebte, dann konnte niemand mehr meine Überzeugung aus dem Herzen reißen: Ich
glaubte an Jesus von Nazaret als meinen persönlichen Herrn,
als Retter der ganzen Menschheit. Die Apostel unterrichteten
mich im Glauben und ich wurde durch die Taufe Glied an
seinem lebendigen Leib.

*Wie wurde diese schreckliche Hinrichtungsart der Kreuzigung
durchgeführt?*

Die Kreuzigung hatten wir Römer aus Persien übernommen.
Sie wurde zunächst nur bei Kriegsgefangenen angewandt.
Später wurde diese Strafe auch über Landesverräter, Sklaven
oder Deserteure verhängt. Auch Aufständische, besonders in
eroberten Gebieten, wurden so hingerichtet. Die Kreuzigung
galt demnach als eine politische Strafe zur Sicherung und
Aufrechterhaltung der „Pax Romana" nach innen und außen hin. Zur Hinrichtung dienten im allgemeinen T-förmige
Kreuze. Die Arme der Deliquenten wurden am Querbalken

und die Beine am Hauptbalken befestigt. Die Kreuzigung führte zu einem langsamen, qualvollen Tod durch Herz- und Kreislaufversagen. Die Verurteilten wurden für gewöhnlich nackt hingerichtet und ihre Kleidung unter den Kriegsknechten aufgeteilt.

War das bei Jesus auch so?

Seine Mutter war im Begriff, ihren Schleier abzureißen und seine Blöße damit zu bedecken. In diesem Augenblick rannte Jonadab, eine Neffe Josefs von Nazaret, vom „Verurteilungstor" her außer Atem quer durch die Menge. In der Hand hielt Jonadab ein Tuch, schaute auf Jesus am Kreuz, ein unvergesslicher Blickkontakt des Dankes und der Barmherzigkeit. Dann wand der junge Mann das Tuch um die Mitte des geschundenen Leibes, wodurch das längere Ende zwischen den Beinen hindurch rückwärts durch den Bund geschlungen war.

Wurden auch römische Bürger gekreuzigt?

Nein. Die Hinrichtungsart der Kreuzigung galt als äußerst demütigender, schmachvoller Tod. Und sie war von Rechts wegen für uns verboten. Meistens hatte man römische Verurteilte entweder enthauptet oder ihnen die Möglichkeit des Freitodes eingeräumt.

Gab es eine bestimmte Vorschrift für den Verlauf dieser schrecklichen Exekution?

Auf jeden Fall sollten die Verurteilten durch die Kreuzigung absichtlich besonders langsam und grausam sterben.

Es konnte Tage dauern, bis der Tod eintrat. Dieses qualvolle Ausgelöschtwerden eines Menschen sollte mögliche Aufrührer einschüchtern und abschrecken. Dem Henkerkommando wurde ein hohes Maß an Freiheit zugestanden. Die Soldaten hatten den Verurteilten streng zu bewachen, bis die Strafe vollzogen und der Tod eingetreten war. Sonst mussten sie selbst mit der Todesstrafe rechnen, hätten sie ihren Auftrag nicht erfüllt oder gar einem zum Tode Verurteilten zur Flucht verholfen.

Wie lief konkret diese Hinrichtungsprozedur ab?

Einmal in der vollständigen Entkleidung des Verurteilten und seiner öffentlichen Geißelung. Diese geschah mit einer Peitsche, oft mit Nägeln besetzt, die den Betroffenen zusätzlich quälten und erniedrigten. Durch Verspannung unter den Schlägen und den Blutverlust wurde sein Organismus sehr geschwächt. Das konnte bereits tödlich verlaufen oder die Sterbensdauer am Kreuz verkürzen. Deshalb war die Zahl der Schläge meist begrenzt.

Zum Zweiten musste der Verurteilte den Querbalken, der etwa fünfzig Kilogramm schwer war, zum Hinrichtungsplatz schleppen.

Drittens wurden Arme und Beine des Delinquenten an den Querbalken gefesselt oder angenagelt.

Schließlich befestigte das Hinrichtungskommando diesen Querbalken auf dem vorbereiteten Pfahl. Dabei hoben die Henker den Verurteilten hoch und verbanden ihn mit dem senkrecht stehenden Balken. Bei seitlich angenagelten Fersen wurde manchmal ein Querholz auf halber Höhe ergänzt, auf dem der Gekreuzigte sein Gesäß zeitweise abstützen konnte. Dies entlastete etwas die Arme des Gekreuzigten, um ihm das Atmen zu erleichtern. Oft wurden auch die Beine auf einen kleinen Querbalken gestellt, damit er nicht sofort durch sein Eigengewicht nach unten gezogen und ohnmächtig wurde. Es galt als Begünstigung, dem Gekreuzigten nach einiger Zeit die Füße oder Unterschenkel zu brechen. Somit wurde ihm das Abstützen verwehrt und seinen Todeskampf abgekürzt. Oft reichten die Soldaten dem Gekreuzigten einen Schwamm mit Wasser, der mit Weinessig und schmerzlindernden Heilkräutern vermischt war, damit er nicht vorzeitig verdurstete.

Wie lange ließen die römischen Soldaten einen Leichnam am Kreuz hängen?

Bis seine Körperteile nach völliger Verwesung herunterfielen. In manchen Regionen nahm man jedoch auch Rücksicht auf religiöse Vorschriften, die eine fristgerechte Bestattung anordneten. So erhielt Joseph von Arimathäa, ein angesehener Ratsherr, die Erlaubnis, den Leichnam Jesu noch am selben Abend vom Kreuz abnehmen und begraben zu dürfen (vgl. Mk 15,42–47). Denn das Hängenlassen der Exekutierten über Nacht war für Juden verboten (vgl. Dtn 21,23).

Als Centurio repräsentiertest du damals gleichsam das Römische Reich, das von keiner anderen Macht übertroffen wurde. Wie kam es überhaupt dazu, dass die Römer in Palästina das Ruder in die Hand bekamen?

Da die hasmonäische Herrschaft im Lauf der Zeit zu einer skrupellosen Machtpolitik entartete, war dem Volk an einer Ablösung dieser Dynastie gelegen. Dazu gab es interne Machtkämpfe zwischen den Hasmonäer-Konkurrenten

Hyrkanus II. und Aristobulos II. In ihrer blinden Verstrickung riefen sie den Römer Pompeius als Schiedsrichter an. Das Volk aber gab gleichzeitig Pompeius zu verstehen, dass es lieber unter der Herrschaft der Priester eine Theokratie anstrebte. Da nahm Pompeius im Jahre 63 v. Chr. kurzerhand Jerusalem ein. Politisch gesehen schlug der römische Feldherr nun Palästina zur Provinz Syrien. Aristobulos wurde abgesetzt und nach Rom gebracht. Hyrkanus II. entzogen die Römer die Königswürde, setzten ihn aber als Hohenpriester und Ethnarch über die Gebiete Judäa, Peräa und Galiläa ein. Herodes setzten sie als König über Judäa ein. Er heiratete Mariamne, die Enkelin Hyrkanus II. Die noch lebenden Mitglieder des Hasmonäer-Hauses fielen nacheinander seiner Mordpolitik zum Opfer, darunter seine Ehefrau Mariamne. Obwohl Herodes den Jerusalemer Tempelbezirk erneuerte, war er jedoch als Nichtjude beim Volk unbeliebt. Nach seinem Tod (4 v. Chr.) wurde das Land unter seinen Söhnen Archelaos und Herodes Antipas aufgeteilt. Archelaos erbte Judäa, Samaria und Idumäa. Galiläa und Peräa gingen an Herodes Antipas. Auf Wunsch seiner Geliebten Herodias wurde Johannes der Täufer ermordet.

Weshalb hatten die Juden einen solchen Hass auf die Römer?

Es begann damit, dass der römische Feldherr Pompeius bei seiner Eroberungspolitik die Juden total geschockt hatte, als er es als Heide wagte, das Allerheiligste des Tempels in Jerusalem zu betreten. Nur der Hohepriester durfte einmal im Jahr am Versöhnungstag in diesen Raum gehen. Pompeius vermutete, es seien dort Schätze und Waffen verborgen. Aber er wurde in seiner Erwartung enttäuscht. Der Raum war leer. Nicht einmal ein Gottesbild gab es dort, wie es in den Tempeln der Römer und Griechen üblich war. Von diesem Tag an hassten die Juden die Römer wie die Pest, denn sie hatten ihnen nicht nur die Freiheit genommen, sondern auch ihr Heiligtum geschändet.

Im Prozess gegen Jesus trat Pontius Pilatus als römischer Prokurator auf. Wie kam es zu diesen Militärgouverneuren?

Wie ich dir schon sagte, war Judäa jetzt ein römischer Vasallenstaat. Als Kaiser Augustus im Jahre 6 den Herodes-Sohn Archelaos wegen seiner Willkür und Brutalität absetzte und nach Gallien verbannte, kam das Gebiet in unmittelbare römische Verwaltung. Es unterstand Prokuratoren oder Statthaltern, die aus dem römischen Ritterstand kamen. Galiläa und Peräa hingegen wurden weiterhin von Herodes Antipas verwaltet. Natürlich war das eine von den Römern abhängige Schattenregierung.

Die römischen Prokuratoren hatten ihren Amtssitz in Cäsarea am Mittelmeer. In der Regel kam der Statthalter nur zu den hohen jüdischen Festen nach Jerusalem, um dort mit militärischer Präsenz alle Unruhen schon im Keim zu ersticken. So befand sich auch Pontius Pilatus damals während des jüdischen Pessachfestes dort. Der Landpfleger hatte das Recht inne, die Todesstrafe nicht nur bei den Soldaten zu verhängen, auch zivile Prozesse, die mit einem Todesurteil enden sollten, konnten nur mit Zustimmung des römischen Präfekten durchgeführt werden.

Worin bestanden vor allem die Aufgaben der Prokuratoren?

Im Verhindern von Aufständen und im Eintreiben der Steuern, wobei die jüdischen Zöllner mit ihnen kollaborierten.

Das heißt, obwohl die jüdische Verwaltung weitgehend selbstständig blieb, arbeiteten die Römer mit bestimmten einflussreichen Gruppen der Juden wie den Sadduzäern eng zusammen. So blieb Palästina ein ständiger Unruheherd. Gewaltsame Auseinandersetzungen, Hinrichtungen von Aufständischen, aber auch Anschläge und Überfälle auf die verhassten Besatzer waren an der Tagesordnung.

Wer war Pontius Pilatus?

In den Jahren 26–36 herrschte Pilatus als Prokurator über Judäa. Er war wegen seiner extremen Grausamkeit bei den Juden äußerst unbeliebt. Außerdem lehnte er provokativ jüdische Sitten und Gebräuche ab. Das zeigte schon die Tatsache, dass er als einziger römischer Präfekt Münzen mit zwei heidnischen Symbolen prägen ließ: Die eine mit dem „simpulum", einer Art Schöpfgefäß im römisch-heidnischen Kult, mit dem man Wein in eine Opferschale gießen konnte, die andere mit dem „lituus", dem Stab der Auguren, einer römischen Priesterschaft, der die Prophezeiung aus dem Vogelflug oblag. Entgegen den bisherigen Gepflogenheiten ließ Pilatus obendrein die römischen Feldzeichen in die Heilige Stadt Jerusalem bringen. Zu den weiteren Vorwürfen, die man ihm machte, gehörten Bestechungen, Beleidigungen, Raub, Gewalttätigkeit, Zügellosigkeit, wiederholte Hinrichtungen ohne juristische Verfahren. Außerdem hatte er sich am Tempelschatz bereichert und auf Kosten der Staatskasse eine Wasserleitung in sein Haus legen lassen. Trotzdem muss man zugeben, dass unter ihm das Eigenleben der Jerusalemer Kultgemeinde erhalten blieb. Die Tätigkeit des Hohenpriesters und des Synedriums, der religiösen Stadtverwaltungsbehörde, tastete er nicht an. Der Hohe Rat durfte allerdings keine Todesurteile fällen. Dies blieb, wie im Prozess gegen Jesus, dem römischen Prokurator vorbehalten. Ein brutaler Vorfall im Jahre 36 beendete schließlich die Amtszeit des Pilatus. Ein Angehöriger des samaritanischen Volkes hatte zu einer Prozession auf den heiligen Berg Garizim aufgerufen. Als dieser Pilgerzug riesige Menschenmassen anzog, befürchtete Pilatus, man wollte sich erneut gegen die Römer zusammenrotten. In einer Blitzaktion mobilisierte er das Heer und ließ die Leute niedermetzeln. Daraufhin wandten sich die Samaritaner an den Legaten Vitellius von Syrien, der die Oberhoheit über Judäa ausübte und damit der unmittelbare Vorgesetzte von Pilatus war und führten Klage gegen ihn. Vitellius ging darauf ein und schickte daraufhin Pilatus nach Rom. Dort sollte er sich vor dem Kaiser für sein Tun verantworten. Doch bevor er Rom erreichte, starb der Kaiser.